音楽科授業サポートBOOKS

石上則子 編著

準備らくらく！
アイデア満載！

小学校
音楽あそび
70

はじめに

　学校で行われる授業において,「あそび」と言うと,「授業は,あそびではない！」「授業の内容は,評価しなければならない！」など,批判の矢が飛んできそうです。しかし,子供は「あそび」の中で多くのことを学んでいきます。「近頃の子供は群れて遊ばなくなった」と言われて久しい現代の子供たちは,学校外では,子供同士で遊ぶ機会を失いつつあると言っても,過言ではないでしょう。だからこそ,同世代や異世代の仲間がいる学校では,意図的に「あそび」をつくっていくことが必要なのです。

　音楽の授業においても,同じことが言えます。「音楽」は一人一人が「音を楽しむ」という本質を見失い,○○をできるようにすること,表現をよりよく高めていくことなどに,目が向けられすぎているのかもしれません。「音楽」は,自らの思いを音楽で"表現"して達成感を得たり,音楽のよさや美しさを味わって"鑑賞"したりするものであることを考えると,「できる」ことに重きを置きすぎては,十分な学習とは言えないのではないでしょうか。

　「音楽あそび」ということばを,音楽づくりの学習で最近よく耳にします。現行学習指導要領でも,新学習指導要領でも,低学年の「音遊び」中・高学年には「即興的な表現」が示され,子供の発想を広げ,深めていくことの重要性を示唆しています。これは何も音楽づくりだけのものではありません。「音楽あそび」は,歌唱や器楽,鑑賞においても,子供の興味・関心を引き出すだけでなく,楽しみながら音楽を表現したり,鑑賞したりするために必要な基礎的な能力や,思考力・判断力・表現力等を培っていきます。子供にとって音楽あそびは,音・音楽で遊びながら,そのあそび自体を楽しむとともに,様々な音楽活動の礎となる能力を子供自らが育て,高めていくことなのです。

　本書では,すべての領域分野における「音楽あそび」を例示し,短い時間で行え,無理なく続けられる活動,題材の中で常時活動として扱うと,子供の主体的な学び,協働的な学びが得られるものを掲載しました。ご活用いただければ幸いです。

本書の使い方

　本書は，低学年，中学年，高学年の発達段階を踏まえて，歌唱，器楽，音楽づくり，鑑賞における「音楽あそび」を紹介しています。

　本書に記した通りに展開するだけでなく，目の前にいる子供に合わせて，本書の内容を参考にアレンジし，活用していくのが望ましいと考えています。したがって，受け持っている学年ではない他学年の内容を参照したり，歌唱の「音楽あそび」を音楽づくりや器楽に応用したりすることもできます。

　また，1つの活動内容を1回で行うということではなく，活動内容の(1)だけをくり返し行ってもよいし，(2)(3)〜と発展させてもよいように示しています。
　一方，1回の授業などで，1つの活動内容のすべてを行うことも可能です。どのような題材と関連づけられるかについては，例示してあります。

　ここでは，本書の使い方について，具体例を示しながら説明します。

● 日々の生活の中で ●

　学級の生活の中で「今月の歌」を歌ったり，リコーダーの練習をしたりなど，していますか？

　教室に音楽がある学級は，子供たちがとても優しい気持ちになります。子供は，好きなことは何回くり返しても楽しみますが，変化があると，「今日はどうするのかな？」とワクワクした気持ちで活動に臨みます。

　そこで，朝の会や帰りの会で「今月の歌」を歌う際，時には，「音楽あそび」を活用してはどうでしょうか？

例えば、「ロンドン橋」を、
「今日は、速さを変えて歌ってみよう」
「高さを変えて歌えるかな？」
と1曲でも色々な楽しみ方ができます。
　これから始まろうとする「外国語活動・外国語」の学習に関連して英語で歌ったり動きを入れたりして楽しめる活動です（pp.12-13）。

　また、一番トラブルの起きやすい給食準備の時間に、「動物の謝肉祭」のゆったりとした「象」や「亀」「白鳥」を聴き、グループごとにどんな動物を表しているのかを想像しながら聴くのも、効果的な聴き方ができると思います（pp.48-49）。

　1日の教室での生活にメリハリがつき、子供たちが友達との関わりを大切にする活動として「音楽あそび」を生かしていくことができます。

● 音楽の授業の中で ●

①題材の指導計画の中に位置づける
　題材に関連する事例を導入や題材の学習に必要な体験として行うと、その題材や授業がどんな学習なのか、見通しをもって活動できます。

　例えば、「和音に合った旋律をつくろう」という題材を設定し、和音の響きを感じ取って旋律をつくる際に、学級のみんなで「和音に合った学級ＣＭソング」を1時間目につくってから、1人またはグループで和音の響きに合った旋律をつくるように学習を進めることができます（pp.136-137）。

　また、「手拍子でリズムをつくろう」という題材では、「今週のリズム」や「リズムカルタ」を毎時間、アイスブレイクとして楽しんでから学習を行うと、音符を理解しながら、自分のリズムづくりに生かしていくことができます（pp.22-27）。

②毎時間の常時活動として活用する

　音楽の授業は，子供の１日の流れの中で実施されるわけですから，その時の子供の状況は様々です。したがって，「音楽の授業が始まるぞ！」という気持ちの切り換えも必要です。

　また，音楽の技能や音楽を形づくっている要素の理解などは，１日にして成るわけではありません。「継続は力なり」がぴったり当てはまるのではないでしょうか？

　そこで，「音楽あそび」を授業のアイスブレイクとして，また，継続的な常時活動として活用すると，和やかな気持ちで学習でき，音楽の基礎的な能力や，思考力・判断力・表現力等を培うことにつながります。

　例えば，「ドレミカードで♪ドレミ♪」は，友達と関わりながらドレミを覚えて歌えるようにしていく活動（pp.16-17）として毎時間行うこともできますし，「リコーダーでいい音つくろう！」は，リコーダーをはじめて持つ３年生が毎時間リコーダーと仲良くなれる常時活動として使うことができます（pp.72-73）。

　これまでお話ししてきたように，「音楽あそび」は，音楽の基礎的な能力や，思考力・判断力・表現力等を育てるとともに，生活の中でも，音楽の時間でも楽しんで音楽活動をし，友達との関わりを大切にしながら，１人の人間としての資質・能力を高める素地を培うものだと考えています。
　他にも，
音楽集会・朝会
学芸会・音楽会の幕間
などなど…
　アイデア次第で，色々な場面で活用していくことができますので，試してみてください。

Contents

はじめに
本書の使い方

みんなでなかよく！ 低学年のあそび

歌唱

1. こころで歌おう！ 10
2. 歌声変身の術！ 12
3. まねして歌おう！ 14
4. ドレミカードで♪ドレミ♪ 16
5. 歌って楽しいイー！ 18
6. 歌でなかよし！ 20

器楽

7. リズムカードで遊ぼう！1 22
8. リズムカードで遊ぼう！2 24
9. リズムカードでカルタ取りをしよう！ 26
10. 色々な音見つけたよ！ 28
11. 鍵盤でドレミあそびをしよう！ 30
12. シンコペーションのリズムでリレー奏 32

音楽づくり

13. 拍のリレーをしよう！ 34
14. ことばでリズムをつくろう！ 36
15. せんりつあそびを楽しもう！ 38
16. 今日の・ゴハンは・なんだろなー！ 40
17. おとカード 42
18. 私たちのかぞえうた 44

鑑賞

19. いつ鳴るかな？ 46
20. どんな動物？ 48
21. 行進の音楽を楽しもう！ 50
22. かっこうは，どこで鳴く？ 52
23. 呼びかけとこたえを感じて聴こう！ 54

みんなとつながる！　中学年のあそび

歌唱
- 24　拍にのって歌おう！ ... 56
- 25　歌であいさつ！りんしょうしよう！ ... 58
- 26　わらべうたを重ねて遊ぼう！ ... 60
- 27　ドレミの階段で歌あそびをしよう！ ... 62
- 28　しゃべり声！笑い声！怒った声！歌声？？ ... 64
- 29　声のエネルギー源は？？そしてハーモニー!! ... 66

器楽
- 30　タンギングはトゥトゥトゥ星人で！ ... 68
- 31　絵描き歌で楽しもう！ ... 70
- 32　リコーダーでいい音つくろう！ ... 72
- 33　ジャズ風にリコーダーで吹こう！ ... 74
- 34　打楽器でコミュニケーション ... 76
- 35　カップリズムで楽しもう！ ... 78

音楽づくり
- 36　2人の会話をリズムでつくろう！ ... 80
- 37　ボイスアンサンブルにチャレンジ！ ... 82
- 38　打楽器のサウンドからつ・く・る！ ... 84
- 39　図形も楽譜だ音楽だ！ ... 86
- 40　音の出合いで重なる響き!? ... 88
- 41　短歌でつくって歌おう！ ... 90

鑑賞
- 42　踊って聴こう！ ... 92
- 43　くりかえしの面白さを感じて聴こう！ ... 94
- 44　金管楽器のおと・オト・音！ ... 96
- 45　どんなメロディー？ ... 98
- 46　日本の民謡を聴き比べよう！ ... 100

―――― みんながたかまる！　高学年のあそび ――――

歌唱	47　和音を歌って楽しもう！	102
	48　わらべうたで５度，３度，○○度！	104
	49　体をほぐしていっぱいハモろう！	106
	50　四季の歌を指揮して歌おう！	108
	51　和音の美しさを味わおう！	110
	52　短調を歌って楽しもう！	112
器楽	53　16ビートにのってラップに挑戦！	114
	54　レッツゴー！スティックミュージック	116
	55　低音が支える和音の響き	118
	56　音の重なりを鍵盤で感じ取ろう！	120
	57　ブルースの和音を使ってスウィング！	122
	58　パートの役割を生かしてバンド発表！	124
音楽づくり	59　即興的にリズムアンサンブル	126
	60　５音で旋律をつくろう！	128
	61　箏で遊ぼう！	130
	62　ドリア旋法の音階でつくろう！	132
	63　音を重ねて和音で遊ぼう！	134
	64　和音の音で学級ＣＭソングをつくろう！	136
鑑賞	65　移り変わる音楽！～何が変わった？	138
	66　ラだけの音楽	140
	67　循環コードの音楽	142
	68　CMに使われた音楽を聴こう！	144
	69　音楽のワールドツアー	146
	70　何が同じ？何が違う？	148

低学年　　　歌唱　　　対象　1・2年

1 こころで歌おう！

共通事項　速度，旋律，拍
教材　きりすちょん（わらべうた）
準備物　ミニグロッケンなどの手に持って旋律を演奏できる楽器，オルフ木琴など

ねらい

○拍を感じ取って，友達と声を合わせて歌ったり動いたりする
○歩く速度に合わせて歌い，わらべうたあそびを楽しむ

　わらべうた「きりすちょん」を使って，拍を感じ取りながら，友達と声を合わせて歌う楽しさを味わいます。サイレントシンギング（声を出さずに心の中で歌う＝内唱）を行い，歌と歩く速さがピタッと合う心地よさを感じ取ることで，音楽活動の基盤となる拍を意識し，合わせる大切さを学びます。

活動内容

(1)「きりすちょん」を教師の歌を模唱して覚える（7分）
T　今日は，生き物の歌を歌います。「きりすちょん」って何かな？
C　きりぎりす？　子供につかまったから，「ああ，しっぱい！」と思っているのかな？
①4小節ずつ先生の後に続いて歌い，覚えて歌う
②歌詞の意味を考え，2～3回くり返して歌う

「きりすちょん」（わらべうた）

(2) 拍を感じ取って歩き，みんなと合わせて歌う（7分）
① 円をつくり，時計と反対回りに歩きながら歌う
② 教師が円の中に入り，子供たちと反対回り（時計回り）に歩き，最後，「ちょん」で1人の子供の肩に触れる
③ 肩を触れられたら，子供が教師と入れ替わり，今度は入れ替わった子供が円と反対回りに歩き，最後の「ちょん」で出会った子供と入れ替わる
④ 子供同士で③の活動を繰り返し，4～5人交代する
⑤ 教師がミニグロッケンなどで旋律を弾いたりラとミで伴奏をつけたりする

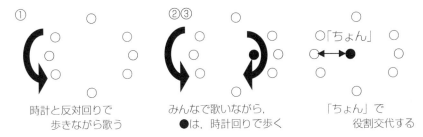

① 時計と反対回りで歩きながら歌う　　②③ みんなで歌いながら，●は，時計回りで歩く　　「ちょん」で役割交代する

(3) 拍を感じ取りながら，サイレントシンギングで歌う（7分）
T　今日は，心の中で歌いながら，歩きます。さあ，みんなの足と歌がぴったり合っているでしょうか？
① 1回歌い終わったら「ちょん」でとまり，心の中で歌いながら歩けていたかを確かめる（はじめは，ラとミで拍がわかるように伴奏を入れるとよい）
② 中に入る子供を決め，その子供だけが歩き，周りの円にいる子供は歩いている様子を見ながらサイレントシンギングをする
③ サイレントシンギングで(2)の活動を行い，4～5人交代する

どんな題材に活用できる？

「はくをかんじてあそぼう」「はくをかんじてリズムをうとう」「わらべうたであそぼう」などに生かすことができます。合わせるには，互いの音をよく聴き合い，拍を感じ取ることが大切です。音楽に合わせて体を動かすことは，そうした能力を培うのに最適な活動と言えます。

（石上　則子）

低学年　　　　　歌唱　　　　対象 １・２年

② 歌声変身の術！

- **共通事項** 音色，速度，調，拍
- **教材** ロンドン橋（イギリス民謡）
- **準備物** 校長先生，小学１年生，中学生，オペラ歌手などの絵

ねらい

○拍を感じ取りながら，色々な声の出し方を楽しむ

　「ロンドン橋」を使って，拍を感じ取りながら，色々な声を模倣します。声の様子を想像しながら楽しく声を出すうちに，自然に頭声的な声の出し方の素をつくります。

活動内容

(1)「ロンドン橋」を，色々な高さや速さで歌いながら遊ぶ（10分）

①１回ごとに，教師は伴奏の調を上げる

- 低い方から「校長先生」「小学１年生」「中学生」「オペラ歌手」と高さを変える声かけをする。

例　ト長調→ハ長調→ヘ長調→ト長調（はじめのト長調の１オクターブ上で）

②１回ごとに，教師は伴奏の速さをゆっくりから，速くに変える

- 遅い方から「貨物列車」「普通列車」「特急列車」「新幹線」と速さを変える声かけをする。

例　♩＝60→♩＝100→♩＝132→♩＝168

- 高く，低く，速く，遅くなど指示をする時には，具体的なイメージをもてるよう，楽しいたとえを添えるとよい。

⑵「ロンドン橋」を,歌だけ（伴奏なし）で高さや速さを変えて歌う（10分）
①「ロンドン橋」を,歌だけで高さを変えて歌う
・絵を見ながら声の感じを変えて歌う。

校長先生

小学1年生

中学生

オペラ歌手

T　遊びながら色々な声で歌ったね。今度は歌だけでできるかな？
・教師が最初の音を歌って聴かせ,どんな感じの声か,見本を聴かせる。
T　こんな感じの声かな。まねっこしてみて。

②「ロンドン橋」を,歌だけで速さも変えて歌う
・4人の歌声と4つの速さで歌うことを経験し,「次は○○さんで,○○の速さをやってみよう」と色々な組合せを試して,歌声の変化を楽しむ。
T　"校長先生の声"で,貨物列車のようにゆっくり歌ってみよう。

どんな題材に活用できる？

　「ようすをおもいうかべて」「明るい声で歌おう」「歌でよびかけっこ」「歌うの大すき」など曲想を感じ取って歌ったり,自分の声に気づいて歌ったりする学習において有効です。太い声,細い声,元気な声,やわらかい声など声の音色を遊びながら身につけていきたいものです。

（後藤　朋子）

低学年 ： 歌唱 ： 対象 1・2年

3 まねして歌おう！

共通事項	速度，旋律，強弱，拍
教材	森のくまさん（アメリカ民謡，馬場祥弘訳詞）
準備物	「はやく」「ゆっくり」「つよく」「よわく」「笑顔で」などのカード

ねらい

○1人で歌ったり，友達の声を聴きながら歌ったりして，曲に合う歌い方を工夫する
○曲想を感じ取って，強弱や速度の変化をつけて歌う

　「森のくまさん」を2人組で歌います。友達同士で体の動きをまねして歌う活動を通して，楽しく歌えるようになります。歌うことに親しみをもてるようになったら，強弱や速度を変えて歌うようにしましょう。
　教師に向かって歌うばかりではなく，子ども同士であそびを取り入れて歌うことで，意欲が高まります。また，動きのまねから強弱や速度など音楽を特徴づけている要素を生かした表現を模倣することで，歌唱の基礎・基本が身についていきます。

活動内容

(1)教師の動作をまねして歌う（5分）

・教師は，1小節ずつ模倣しやすい動作をしながら歌う。

(2) **友達同士で体の動きをまねしながら歌う（5分）**
・歌いながら動くように助言する。
・役割を交代しながら，2回ずつ行う。

(3) **教師の歌い方をまねして歌う（5分）**

(4) **子供の代表の歌い方をまねして歌う（5分）**
・(3)の活動での教師の代わりの子供を指名したり，日直を代表にしたりする。

(5) **カードを使って歌い，どのような歌い方をまねしたか当てる（5分）**

例　| はやく | ゆっくり | つよく | よわく | 笑顔で |

T　強くと弱くで歌ったね。違いをつけるといいね！

・上のようなカードを用意し，代表の歌い方をどのような観点で模倣したのか考えるようにする。
・代表の子供は，カードを選び，その歌い方で表現する。他の子供たちは，それを模倣した後に，代表が選んだカードを当てる。

どんな題材に活用できる？

　「うたでともだちになろう」「うたでまねっこ」など互いに聴き合って歌う題材で活用できます。楽しみながら友達の声を聴き合って歌うことで，自分の歌声にも気をつけて歌うようになります。また，強弱や速度を変えて歌うことが曲想を生かして歌うことにつながることはもちろん，強弱や速度の違いに気づいて曲を聴くことができるようにもなります。この活動をあそびとしてだけでなく，音楽表現の工夫につなげていくようにしたいものです。

（眞鍋なな子）

低学年 ： 歌唱 ： 対象 1・2年

4 ドレミカードで♪ドレミ♪

共通事項 旋律，フレーズ
教材 なし
準備物 ドレミカード（表には楽譜ド～ド：3枚ずつ），ミュージックベルなど，オルガン

ねらい

○階名と楽譜に慣れながら，音の高さや旋律の動きを感じ取る
○1人で歌ったり，友達の声を聴きながら歌ったりして，階名唱に親しむ

　ドレミカードを使って，階名唱に親しみます。階名は，楽譜を読むことにつながるだけでなく，音の高さを感じ取ったり，旋律の動きを知ったりする上で，とても大切なものです。

　カードは市販のものもありますが，下記のようにつくっておくと，上学年でも活用できて便利です。

〈表〉

〈裏〉
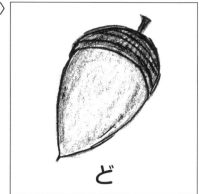

ドレミカード（例）

　いつも教師対子供で行うのではなく，子供同士で行うようにすると，学び合いの活動を進めることができます。

活動内容

⑴ **教師が出したカードの音を楽器の音で聴き，ドレミで歌う（10分）**
＜１音ずつ＞
T　（カードの裏を出し，ベルを鳴らしながら）ドレミでどうぞ。
C　♪ド
・教師がベルなどを鳴らす音を聴いてから，「♪ド」と歌うようにする。
・３人組で カード→ベル（鍵盤ハーモニカでも可）→歌う 役割を交代で行い，自分たちで「ドレミカードで♪ドレミ♪」を楽しむようにする。

⑵ **教師の出す３枚のカードを見て，ドレミで歌う（５分）**
T　（どんぐり→レモン→ミカンの順でカードの裏を出す）
C　♪ドレミ
・声を合わせて「タン　タン　タン　ウン」のリズムで歌い，オルガンで子供の声の高さが合っているかを確かめながら活動するとよい。

⑶ **教師の出す五線のカードを見て，友達の声を聴き合いながら歌う（10分）**
T　（ミ→レ→ミの順にカードの表を出す）
C１　♪ミレミ
T　１人ずつ歌ってね！　隣のお友達の声と合っているかな？　向かい合ってどうぞ！
C２　○君と合わせて，歌えたよ！

どんな題材に活用できる？

　「どれみでうたったりひいたりしよう」「どれみとなかよし」「音のたかさのちがいをかんじとろう」など，ドレミに親しむ題材の導入で活用できます。また，どのくらいドレミに親しめたかを確かめるために使うこともできます。
　さらに，楽器で演奏すれば「楽きでドレミ」といった題材に転用できます。自分で音の並べ方やリズムを工夫すれば，旋律をつくる題材にも生かすことができます。

（石上　則子）

低学年　：　歌唱　：　対象　1・2年

5 歌って楽しいイー！

- **共通事項** 速度，旋律，呼びかけとこたえ
- **教材** どんな人が好きですか（柚梨太郎作詞・作曲）
- **準備物** ピアノ，オルガンなどの鍵盤楽器

ねらい

○互いの声を聴きながら歌うことを通して，自分の気持ちを表現する
○呼びかけとこたえの仕組みを楽しみながら，一人一人のアイデアを生かして主体的に歌う

　歌うことを通して，子供一人一人が心を開放し，認め合う空気，この空間では声を出しても大丈夫だという雰囲気を大切にします。子供はとても元気で明るいですが，低学年であればあるほど純粋な心をもっているだけに，ちょっとしたことばで傷ついてしまうこともあります。みんなの前で声を出すということはそれだけ難しいことですが，同時にすばらしいことだということを子供と共有できるようにしていきます。

活動内容

(1)「どんな人が好きですか」を歌って，楽しく歌う雰囲気をつくる（10分）

> ♪あなたはどんな人が好きですか　明るい人ならとなりにいるでしょう
> 　右の人にトントントン　左の人にトントントン
> 　周りの人にトントントン　明るい人ばかり

　　　　　　　　　原曲：「どんな人が好きですか」（柚梨太郎作詞・作曲）

・下線部は可愛い人，困っている人，悩んでいる人，元気な人など子供から出てきた色々なことばに変える。

- そのことばにあった身振りもつけると，とても雰囲気が明るくなる。
- 身振りをつけた際に，歌声が小さくなった時は，
    T　なんでさっきより声が小さくなったと思う？
    C　身振りに集中したから小さくなった。
    T　そうだねー，2つのことをするのって難しいね！　逆に2つのことができたらすごいことだねー！
  など，ことばをかけながら，声が出るように促す。

⑵歌詞の一部を替え歌にする（10分）
T　「右の人に」の部分を「〇〇好きな人」にして！
- 「トントントン」の部分は「ハイハイハイ」に変えて子供が手を挙げながら答える。
T　焼肉好きな人！
C　ハイハイハイ！
- 教師が「今，みんなは先生が質問したら何してる？」と聞くと，子供は「答えてるー！」などの意見を言うので，「応答」の意味を実感できるように，「こういうのを『応答』って言うんだよ」と教え，音楽を通してお話ができることを伝える。
- 慣れてきたら，速度を変えて歌ったり，休符の場所で手拍子を入れて「合いの手」を教えたりするとより面白くなる。

どんな題材に活用できる？

　「うたでなかよしになろう」「はくをかんじてあそぼう」「うたでともだちのわをひろげよう」などの題材で活用でき，友達と関わり合いながら拍感を養うことで，音楽に向かう気持ちも高まります。「呼びかけとこたえ」の1つである「応答（おしゃべり）」は，「まねっこ」を含めて，色々な教材で扱えます。「森のくまさん」「大きな歌」「あの青い空のように」など，楽しみながらレパートリーを増やし，歌う楽しさを味わっていきたいものです。

（岩井　智宏）

低学年　：　歌唱　：　対象　1・2年

6 歌でなかよし！

- **共通事項**　旋律，強弱，呼びかけとこたえ
- **教材**　小さな畑（アメリカ民謡，作詞作曲者不詳）
- **準備物**　ピアノ，オルガンなどの鍵盤楽器

ねらい

○歌を通して多くの友達と触れ合い，声を合わせて歌う楽しさを感じ取る
○互いの声を聴き合い，音の高さ，低さを感じ取って歌う

　低学年の子供たちは大きな声で歌うのが大好きです。しかし，それだけでは音程や音の高低を感じにくい，いわゆる怒鳴り声になってしまう可能性があります。
　ここでは，みんなと一緒に声を出すよさを認めつつ，音の高低に気をつけて歌えるようにします。また，楽しい歌を通して友達と関わり合い，一緒に音楽をすると楽しいという気持ちが生まれるようにします。

活動内容

(1)「小さな畑」を歌い，声を合わせて歌う楽しさを感じ取る（10分）

> ♪小さな畑を耕して　小さな種をまきました
> 　ぐんぐんぐんぐん芽が伸びて　花が咲きました　パッ

　　　　　　　　　　　　「小さな畑」（アメリカ民謡，作詞作曲者不詳）

・歌詞の「小さな」という部分を「中くらい」「大きな」「たくさんの」などに変え，体の動きをつけて歌う。
・「パッ」の部分は，その大きさに応じて，「中くらい→カパッ」「大きな→バサッ」「たくさん→バッバッバッババッバッバー」など変えていく。

(2)「声でも花の大きさを表現できる？」と質問し，声の大きさ（強弱）に着目する（5分）
T （小さく歌う子供に）どうして小さくしたの？
C 小さなお花だから声を小さくしたんだよ。

(3)「小さな畑」の完全替え歌バージョンを楽しむ（10分）
・色々な歌詞で楽しむが，最後は友達同士が触れ合うようにする。

> ♪大きなお山がありましてー　たくさんの子どもが登りますー
> 　一生懸命頑張って　山頂つきましたー　ヤッホー

・「ヤッホー」の部分が合わなかったら「せーの」の合図で合わせてもよい。
T どうして元気な声で言ったの？
C 気持ちがいいから。
T 気持ちがいいと声も大きくなるんだねー。
・心と声がつながっていることを伝えることが，今後の歌唱にもつながる。

> ♪みんなの心をなでましてー　やさしさの種をまきましたー　（手でハートマークをつくる）
> 　ぐんぐんぐんぐん芽が伸びてー　友達できましたー

T 友達と5人握手ー（C わーい！）！

どんな題材に活用できる？

　「うたでなかよしになろう」「うたでともだちのわをひろげよう」に活用できます。友達と歌うことがどんなに楽しいかを伝え，教室が笑顔でいっぱいの空間になるようにして歌唱の学習を展開したいものです。　　　　（岩井　智宏）

低学年 ： 器楽 ： 対象 1・2年

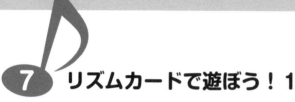

7 リズムカードで遊ぼう！1

- **共通事項** リズム，速度，拍
- **教材** なし
- **準備物** 音符カード，リズムカード

ねらい

○拍を感じ取って，リズムや音符に親しむ

　低学年のうちに，楽しみながらリズムや音符のきまりを理解していくことは，中，高学年での学習の深まりに大きく影響します。ここでは，リズムカードを活用したあそびを，低学年の学習の常時活動としてくり返し取り入れ，楽しみながら定着を図ります。

活動内容

(1)「音符カード」（写真1）を使って，音符の仲間紹介をする（5分）

- 擬人化することによって親近感をもたせ，語りかけるようにする。

T （四分音符）こんにちは，僕タンちゃんです。僕が出てきたら，タンと言いながら手を1回叩いてね。せーの，タン！

C タン（教師が指揮で1拍を示すのに合わせて手拍子を打つ）！

写真1

T （八分音符）僕は，タン兄ちゃんの弟のタッちゃん。タンちゃんの半分の大きさ。僕たちは双子だから，2人合わせてタンちゃんと同じ大きさになるんだ。

C タタ（教師の1拍の指揮の中に，2回手拍子する）！

・二分音符「白髪のターアーばあさん」付点二分音符「ほくろがついたひいばあちゃん，タンちゃん3個分でターアーアー」付点四分音符「ほくろがついたタンちゃんのお兄ちゃん，ターンちゃん」四分休符「なまけもののウンちゃん」などを紹介する。

(2)「リズムカード」(写真2)を使い，音符を家族に見立てて紹介する（5分）

・教師は「たくさんの家族が並んでいるよ」と子供に話しかけ，4拍子のリズムカードをリズム唱しながら手拍子で打つ。

・4拍子のリズムにのって語りかけ，子供が復唱したり，リズミカルに進行したりするとよい。

写真2

T　手拍子ようい。
C　手拍子ようい。1，2，3，4。

・「つーぎをどうぞ」「なかなかいいよ」など，4拍子で話しながらカードを次々とめくっていくようにする。

・速度を変えたり，「手拍子だけでどうぞ」「タンギングでどうぞ」など変化を加えたり，一人一人回したりしてもよい（各5分）。

どんな題材に活用できる？

「はくのまとまりをかんじとろう」「ひょうしをかんじてリズムをうとう」などの題材で活用できます。また，黒板に4拍子のカードを4枚つなげて掲示し，16拍のリズムを打ったり，2種類または3種類のリズムをつくってリズム合戦を行ったりして，どの学年でもリズムに関わる学習に活用することができます。また，2人の子供が違ったカードを持ち，Aグループが打つ→Bグループが打つ→一緒に打つをくり返してリズムを重ねたり，2つの違った打楽器を使ったりして音の重なりを楽しむこともできます。

保護者の参観などがあった場合，一方を保護者に打ってもらっても盛り上がります。保護者は手を丸く膨らませ，手拍子の音色を変えてもらうようにして楽しむこともできます。

（青嶋　美保）

低学年　：　器楽　：　対象　1・2年

8 リズムカードで遊ぼう！2

- **共通事項** リズム，拍，フレーズ
- **教材** なし
- **準備物** 今週のリズム（掲示用）とリズムカード（裏に磁石），首にかけるリズムカード

ねらい

○拍を感じ取って，音符の意味に興味・関心をもちながら，リズムあそびを楽しむ

　音符に興味・関心をもち，その意味を理解しながら拍を感じ取ってリズムのフレーズを打つことは，合奏の学習につながる大切な力です。低学年では，楽しみながら体でリズムを感じ，身につけていくようにします。

　4拍子のリズムカードでのリズム打ちに慣れてきたら，色々な活動をしながら，楽しんで音符についての理解を深めます。

活動内容

(1)「今週のリズム」（写真1）を活用してリズムあそびを楽しむ（10分）

・休符を変化させてリズム打ちを楽しむ。

①すべての曜日にリズムカード（四分音符）を貼り，「月，火，水，木，金，土，日」と言いながら手拍子をし，拍を確認する

②子供が四分音符のカードをはがしてお休みの曜日をつくり，そのリズムをみんなで打つ

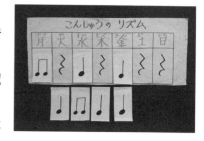

写真1

・「タン　ウン」を言いながら手拍子や楽器で打つ。

③忙しくなる日に八分音符（1拍分）のカードを貼り，リズムを変える
- 変えたリズムをみんなで復唱しながら，手拍子や楽器で表現する。
- 四分音符の長さのマスに八分音符2つが入るので，音符は2つでも四分音符と同じ拍の長さ，という拍の分割も視覚化できる。

(2) 同じ「リズムカード」（写真2）を首にかけている「ペアさがしゲーム」を楽しむ（10分）
- 写真2のように同じリズムカードを2枚ずつ用意し，首からかける。
- 何種類か用意する。

①子供は円になって座り，円のまん中に背中にリズムカードをかけた子供10人（リズムカードは5組）が入る

写真2

- かけているカードのリズムは本人にはわからないようにかける。

②「よい，スタート！」で自分と同じリズムの相手を探す

③声を出さずに，友達と背中のカードを手拍子で打って確かめ，同じリズムの相手を見つけたら，手をつないで決められた場所に座る

- 友達とのコミュニケーションを楽しみながら行う。周りで見ている子供はペアの動きを見て，自然とリズムカードに注目したり，応援したりするようになる。10人が座ったら，見ている子供と交代する。

どんな題材に活用できる？

「はくをかんじてあそぼう」「はくをかんじてリズムをうとう」「拍のまとまりをかんじとろう」「リズムとなかよし」「はくとリズム」などの拍やリズムの学習に中心をおいた題材に活用できます。音符は，理解するまで時間がかかります。本あそびのように楽しみながら理解を深めることで，合奏におけるリズムパートやリズムをつくる学習に応用することができます。

（青嶋　美保）

低学年　：　器楽　：　対象　1・2年

9 リズムカードでカルタ取りをしよう！

- **共通事項** 音色，リズム
- **教材** なし
- **準備物** リズムカルタ（自分たちでつくったリズムカード）

ねらい

○自分たちでつくった「リズムカルタ」でカルタ取りを楽しみ，リズムと音符との関わりを感じ取る

「リズムカードで遊ぼう！1」（p.22）「リズムカードで遊ぼう！2」（p.24）などのあそびを通して音符に慣れてきたら，今度は自分たちで音符を書いてリズムをつくる活動を取り入れるようにします。ここでは，自分で書いたリズムを使ってカルタ取りをし，さらにリズムと音符の関わりを感じ取るようにしていきます。

活動内容

- 3学期始めの1月に，お正月あそびにあるカルタ取りにちなんで「リズムカルタで楽しもう」と称し，自分たちでつくった「リズムカルタ」で遊ぶ時間を設ける。個人戦でもよいし，なかなか取れない子供がいる場合は，グループ対抗にしたり，自分がつくったカードはすぐ取れるよう目の前においたりするなど工夫するとよい。

(1)「リズムカルタ」をつくり，カルタ取りを楽しむ。画用紙を切ったカードを1人2枚配り，4拍子のリズムをつくる（10分：つくる時間を省略）

- 使う音符は四分音符，四分休符，八分音符（1拍分）に限定し，音符の書き方を練習する。
- 画用紙を折って4つのマスをつくり，その中に書いてもよい。

例

(2) カードができたら，何人かの友達と互いのカードのリズムを打って確かめたり，グループ（4〜5人くらい）の仲間のカードを順番に打ったりしてリズム打ちの練習をする（5分）

(3) 2つのグループのカードを一緒にして床に並べる。リズムを打つ子供をそれぞれのグループから1名出し，交代でリズムを打つようにする。他の子供は，カードを囲んで丸くなり，打った「リズムカルタ」を取る（10分）

・リズムを打つ子供は，はっきりとわかりやすく「タン　ウン　タタ　タン」と声と手拍子両方で表現するようにする。
・グループごとに楽器を変えて打つように発展させてもよい。この時，楽器の仲間分けも意識し，音色の違いを感じ取ったり，楽器の名前を覚えたりするとよい。
　木の楽器　　：カスタネット，ウッドブロック，クラベスなど
　金属の楽器　：トライアングル，すず，フィンガーシンバルなど
　皮の楽器　　：タンブリン，ハンドドラム，パーランク（沖縄の楽器）など
　楽器で行うと，違った音色とリズムが響き合い，楽しい雰囲気になる。
・最後に2枚残ったら1枚取った人が2枚もらえるなど，カルタ取りルールも自分たちで考え，工夫して楽しむようにする。

どんな題材に活用できる？

　音符が表すリズムを打つという器楽的な内容ではありますが，自分で音符を組み合わせてリズムをつくる活動も含まれています。「たんとうんのリズムであそぼう」「たんとたたのリズムであそぼう」「はくをかんじてリズムをうとう」などで，自分でリズムをつくって演奏する学習に活用することができます。

（青嶋　美保）

低学年 ： 器楽 ： 対象 1・2年

10 色々な音見つけたよ！

共通事項 音色，強弱
教材 なし
準備物 トライアングル，すず，タンブリンなど，「おと　みつけたよ」ワークシート

ねらい

○身近な打楽器の音色を聴き取り，その響きのよさや面白さを感じ取る
○身近な打楽器の音の出し方を試しながら，演奏の仕方を学ぶ

　低学年では，カスタネットやトライアングルなどの打楽器をよく使います。ここでは，楽器の響きに耳を傾けながら，1つの楽器から色々な音が出せることを学び，いつもよりよい音を目指し，自ら音の出し方を工夫する子供を育てます。

活動内容

(1) **教師が出すトライアングルの音を聴く（5〜7分）**
①目を閉じて聴き，音がとまったら目を開ける
・教師は，音を長くしたり短くしたりして響きを変えるようにする。
②教師は，子供が目を閉じている間に移動して音を出し，子供は音が聴こえる方に顔を向ける
・教室の色々な場所で音を出すようにする。
・1回ずつ，音がとまったら目を開け，どこから音が聴こえたかを確かめる。
③教師の代わりに，代表の子供がトライアングルを打ち，①②を行う

(2) **グループごとに楽器を持ち，演奏の仕方を工夫して，色々な音の出し方を試す（7〜15分）**
①3人組で楽器1つを担当し，1人ずつ音の出し方のアイデアを出す

②互いのアイデアを聴き合い，そのアイデアを順に試して音を確かめる
C1　私は，下を音が長く響くように打ちます。
C2　僕は，左側を弱く打ってみようかな？　今日は，○○ちゃんの音を紹介しよう！
C3　私は，持つところでトライアングルをにぎって打ったの。そうしたら短い「チ！」という音になったわよ！

③グループごとに発表する音を決め，どのような音かを紹介する
・発表は，同じ楽器同士のペアグループで行ったり，発表の順番を決めておいたりするとよい。

④楽器を交代して行う
・「おと　みつけたよ」ワークシートに見つけた音の出し方を記録しておく。
・金属の楽器，皮の楽器，木の楽器の響きを味わうようにする。

おと　みつけたよ		
ねん　くみ		
にち	がっき	おとのだしかた
わかったこと		

「おと　みつけたよ」ワークシート

どんな題材に活用できる？

　「いろいろな音を楽しもう」「音をあわせて楽しもう」「いい音見つけて」など楽器を使った学習の導入に活用すると，音の出し方に対する意識が高まり，効果的な学習が展開できます。こうした意識の高まりは，音楽づくりの際もいい音でつくろうとする姿勢を生み出します。また，演奏の仕方を教え込むのではなく，子供自らが音の出し方を工夫することで，よりよい音を求める主体的な学びができるのです。

（石上　則子）

低学年　　　器楽　　　対象　1・2年

11 鍵盤でドレミあそびをしよう！

共通事項 旋律，フレーズ
教材 なし
準備物 鍵盤ハーモニカ，木琴やグロッケン

ねらい

○階名唱に親しみながら鍵盤に慣れ，短い旋律を演奏する
○友達の音を聴きながら，鍵盤で短い旋律を演奏する

　これまで親しんできた鍵盤ハーモニカに加えて，木琴や鉄琴などの鍵盤にも慣れ，音の位置を知ったり，旋律あそびや簡単な曲を演奏したりします。高さを変えたり，与えられた旋律を変化させたりして，音楽づくりにも生かせる活動を展開します。また，友達同士で互いの演奏を聴き合いながらより深く鍵盤に親しめるようにします。

活動内容

(1) ○○○・（タン　タン　タン　ウン）のリズムで3拍分の旋律をド〜ソの音を使って3人で交互に演奏し合う（7分）

①教師が鍵盤ハーモニカや木琴で演奏した短い旋律を，子供は階名唱するグループ→鍵盤ハーモニカで演奏するグループの順で模倣する

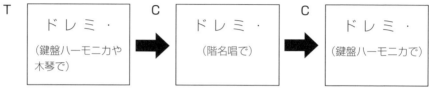

②3人組になって，1人目は鍵盤ハーモニカで短い旋律を演奏し，それを2人目は階名唱，3人目は鍵盤ハーモニカで順に模倣する

- 演奏の順番を決め，2回ずつで交代する。
- 旋律は教科書などの「ドレミのまねっこ」などの例を活用したり，各自が即興的につくったりする。

(2) (1)と同じリズムや音を使い，3人組で木琴や鉄琴，オルガンなどを使ってオクターブ違いで友達が演奏した旋律を模倣する（10分）

- マレットは，やわらかい音が出るものを選択する。
- 使う音に印●をつけたり，音盤が外せるオルフ木琴などを活用したりする。
- 階名唱を歌う子供は，木琴や鉄琴などをはさんで派生音側に立つようにするとよい。

どんな題材に活用できる？

　本あそびは，使う音やリズム，速度を変えたり，即興的に旋律をつくったりして発展させると楽しいです。また，階名唱をする際には，手で音の高さを表す動きを加えると効果的です。

　題材としては，「どれみでうたったりふいたりしよう」「おとをあわせてたのしもう」「音のたかさのちがいをかんじとろう」などの導入として活用したり，「ドレミでせんりつをつくろう」といった音楽づくりにも生かしたりすることができます。

（石上　則子）

低学年 ： 器楽 ： 対象　1・2年

12 シンコペーションのリズムでリレー奏

- **共通事項** リズム，旋律，拍，フレーズ
- **教材** かもつれっしゃ（山川啓介作詞，若松正司作曲）
- **準備物** 鍵盤ハーモニカ，メトロノーム

ねらい

○手拍子を入れて，シンコペーションのリズムを感じ取る
○鍵盤ハーモニカで「かもつれっしゃ」をリレー奏することで，拍を感じ取って演奏することを楽しむ

　「かもつれっしゃ」のシンコペーションのリズムを感じ取ることができるようにするために，メトロノームを使って拍を聴きながら，シンコペーションのリズム（タタータ）をことばにのせていきます。慣れてきたら，鍵盤ハーモニカで2小節ずつリレー奏をします。

活動内容

⑴歌詞の「かもつれっしゃ」を，拍にのせて読む（5分）
T　メトロノームに合わせて，先生の後からリズム読みをしましょう。
T　♪かもーつ　れっしゃ
C　♪かもーつ　れっしゃ

⑵鍵盤ハーモニカで短い旋律を練習する（10分）
T　♪ドドード｜ミ　ド　｜
C　♪ドドード｜ミ　ド　｜
T　♪レレーレ｜ファ　レ　｜
C　♪レレーレ｜ファ　レ　｜
T　♪ミミーミ｜ソ　ミ　｜

C　♪ミミーミ｜ソ　ミ　｜

(3) リレー合奏に挑戦する（10分）

・1人2小節ずつ演奏して，つなげる。
・座席の並びで順番を決めて，あらかじめ担当の小節を確認し，練習する。
・最後の子供が曲の途中で終了の場合は，残りの小節を全員で演奏する。
・自分の番が来た時は立って演奏，2小節演奏したらすぐに座り，次の人にバトンタッチする。

C1　ドドードー｜ミ　ド　｜レ　ミ　｜ファ　・　｜
C2　レレーレ｜ファ　レ　｜ミ　ファ　｜ソ　・　｜
C3　ミミーミ｜ソ　ミ　｜ファ　ソ　｜ラ　・　｜
C4　ソソーファ｜ミ　レ　｜ド　ソ　｜ド　・　‖

（最後の「ソド」は全員で）

(4) グループでテンポを決めて（メトロノームで速さを決める），リレー奏を発表する（10分）

・拍に合わせて，足踏みをしながら演奏する。1人ずつ増えていっても楽しい。

例　1人ずつ増えていく
　　C1（ドドード〜）→C1+C2（レレーレ〜）〜C1+C2+C3（ミミーミ〜）→C1+C2+C3+C4（ソソーファ〜ソド）

どんな題材に活用できる？

　「みんなで合わせて」「おとを合わせて楽しもう」などの題材に活用できます。「ドレミファソラシド」の音階一つ一つの音をシンコペーションでつないでリレー奏するところから始め，短いフレーズのシンコペーションに慣れておくと，色々な合奏を始める前段階の練習になります。ここで大切なのは，拍（この場合は，メトロームの音）を感じ取って演奏することです。

（今井さとみ）

13 拍のリレーをしよう！

- **共通事項** リズム，速度，拍
- **教材** なし
- **準備物** クラベス，カスタネット，手太鼓などの拍を示す楽器，指導用オルガン（教師用）

ねらい

○規則的に刻まれる拍を感じ取って，リズムあそびを楽しむ

　拍には，規則的に刻まれるものと，そうでないものがあります。ここでは，まず，一定の速度で規則的に刻まれる拍を感じ取る音楽あそびを十分に行い，拍を共有してリズムをつくる面白さにつなげていきます。

活動内容

(1)「拍のリレー」を楽しむ

①教師がクラベス（手太鼓）で打つ4拍の拍打ち（♩=100）に合わせて，子供1人ずつが順に，手拍子で4拍の拍打ちをする（3分）

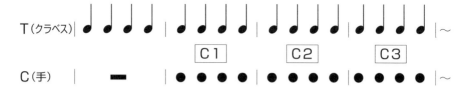

・子供の状況により，速度（♩=120など）を変えるとよい。

②3拍（3／4），2拍（2／4），1拍と1人が打つ拍の数を変える（5分）

③アクセントをつける拍を決めて「拍のリレー」をする（5分）

・1拍目と3拍目にアクセントをつけたり，2拍目と4拍目にアクセントをつけてアフタービートを感じたりする。

(2)「穴あき拍リレー」を楽しむ

①教師や代表の子供が選んだ拍（2拍目，4拍目など）のみ，1人ずつ順に打つ「穴あき拍リレー」をする（5分）

例　子供が2拍目と4拍目だけ打つ

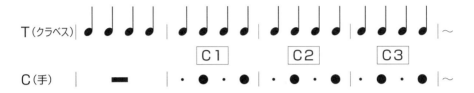

・心の中で「1，2，3，4」と数えるようにするとよい。
・教師の打つ拍を指導用オルガンのリズムボックスなどで代用しても，色々なリズムを聴きながら拍を感じ取ることができる。

②子供が各自で打つ拍を決めて，リレーする（5分）

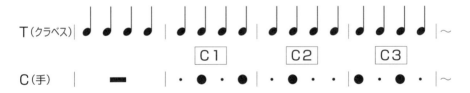

・「拍のリレー」が楽しめるようになったら，4拍ずつ即興的にリズムをつくってリレーしても楽しい。

どんな題材に活用できる？

　「はくをかんじてあそぼう」「はくをかんじてリズムをうとう」「はくのまとまりをかんじとろう」「ひょうしをかんじてリズムをうとう」「はくとリズム」などの題材に活用できます。拍，拍子，リズムを中心とした題材や，それらを関連づけた題材では，常に基本として拍を示すようにします。低学年のうちに拍を身につけることは，中・高学年の音楽の学習にも生きて働く力になります。

（石上　則子）

低学年　　：　　音楽づくり　　：　　対象　1・2年

14 ことばでリズムをつくろう！

共通事項　リズム，拍，反復，呼びかけとこたえ
教材　なし
準備物　クラベス，カスタネットなどの拍を示す楽器（教師用），リズムカード，ことばの絵

ねらい

○拍を感じ取りながら，言葉のもつ自然なリズムを生かしてタンやタタのリズムに親しむ

　「タン　タン　タン　ウン」を3文字のことばで，「タタ　タタ　タン　ウン」を5文字のことばで表しながら，リズムの違いを感じ取るようにします。そのためには，規則正しい拍にのってリズムを表現することが大切です。リズムカードを使って，タン，タタ，ウンの違いを見てわかるようにしていきます。

リズムカードA

リズムカードB

みかん

ばなな

3文字のことばの絵（例）

さつまいも

おむらいす

5文字のことばの絵（例）

活動内容

(1)「リズムカードA」と「リズムカードB」を見ながら手拍子を打ち，リズムの違いを感じ取る（5分）

- 教師はクラベスやカスタネットで常に拍を表すようにし，特にタタのリズムに慣れるようにする。
- みんなで一緒に打ったり，1～2人で打ったりするなどくり返し行うようにする。

(2) 3文字のことばや5文字のことばを見つけ，手拍子でリズムを打ちながら唱える（7分）

- 思いつかない子供のために，絵カードなどで例を示すとよい。

(3) 2人で3文字のことばや5文字のことばを考え，互いに呼びかけ合うようにつなげて表現する（10分）

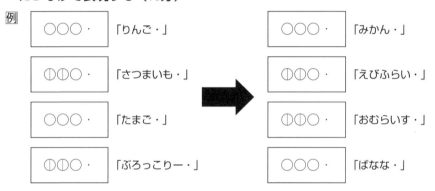

- 教師はクラベスやカスタネットで常に拍を表すようにし，拍を感じながら表現するようにする。

どんな題材に活用できる？

　「はくをかんじてリズムをうとう」「リズムとなかよし」「ひょうしをかんじてリズムをうとう」「はくとリズム」などの題材で，拍とリズムを関連づけて学習すると，よりリズム感を身につけることができます。この時に，打楽器で演奏すれば，基本的な打楽器の奏法も学べます。

　また，タン，タタ，ウンを使って，自分でリズムを工夫する題材にも取り組むことができます。

(米倉　幸子)

低学年　　　音楽づくり　　　対象　1・2年

15 せんりつあそびを楽しもう！

共通事項　旋律，反復，呼びかけとこたえ
教材　なし
準備物　音程カード，鍵盤ハーモニカ

ねらい

○階名に慣れながら，音の高さの違いを感じ取る
○まねっこ遊びをしたり問答をしたりして，旋律あそびに親しむ

　ド～ソの5音を使って，楽しく遊びながら音の高さを感じ取るようにします。音の高さの感じをカードで示すと，よりわかりやすくなります。

　音をつなげると旋律になることを，音楽あそびを通して経験します。まねっこや問答は，教師と行ってから友達同士で行うと，互いに聴き合い，認め合いながら，よりスムーズに活動できます。

  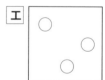

音程カード（例）

活動内容

(1)カード ア と イ を示し，続く音（旋律）のまねっこをする（5分）
①教師の吹く短い旋律をまねっこする
②2人組で互いにまねっこをする

| 例 | ドレミ → ドレミ　　　ソファミ → ソファミ |

(2) **カード ウ と エ を示し，飛んだ音（旋律）のまねっこをする（5分）**
・(1)と同様に，教師のまねっこ，2人組でまねっこをする。

例　| ドソミ → ドソミ |　　| ファレソ → ファレソ |

(3) **4枚のカードを示し，互いに違う音（旋律）で問答をする（5分）**
①教師と違う旋律で答える
②2人組で互いに問答をし合う

例　| ドレミ → ソファド |　　| ソレファ → ミミソ |

・2年生で鍵盤に慣れてきたら，ドレミファソラシドの7音に広げることもできる。その場合は手の基本の形を崩さないようにして，ポジションを移動するとよい。

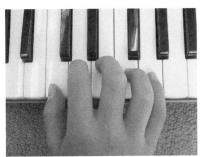

基本の形　"猫の手ドレミファソ"

どんな題材に活用できる？

　「どれみとなかよし」「どれみでうたったりふいたりしよう」「音のたかさのちがいをかんじとろう」などドレミに親しむ題材の中で，鍵盤ハーモニカの基本的な奏法を身につけながら，旋律づくりに取り組むことができます。また，2人組で互いに聴き合いながら行うことは，音楽の仕組み"反復""呼びかけとこたえ"を学ぶことにつながります。さらに，2人で協働して学習することにより，旋律づくりのよさや面白さを実感できます。(米倉　幸子)

| 低学年 | 音楽づくり | 対象　1・2年 |

16　今日の・ゴハンは・なんだろなー！

共通事項　リズム，旋律，フレーズ，呼びかけとこたえ
教材　なべなべそこぬけ（わらべうた）など
準備物　タマゴ楽譜

ねらい

○簡単な旋律あそびに慣れる
○呼びかけとこたえの歌あそびに親しむ

　わらべうたあそびは，就学前でも経験があると思います。ここでは，拍を感じて歌ったり遊んだりした後，それを階名で歌うことで，音の高さや8拍のフレーズ感を意識し，短い歌をつくります。

活動内容

(1)「なべなべそこぬけ」「おちゃをのみに」などのわらべうたあそびをする（10分）
(2)遊んだわらべうたを階名で歌う（10分）
(3)即興で呼びかけごっこに慣れる（10分）
C全　"呼びかけ"　「今日の　ゴハンは　なんだろなー・」
　　　　　　　　　ラーソーラソーソ｜ラララソソラー・‖
T　　"こたえ"　　「ゴハンと　みそしる　さかなだよ・」
　　　　　　　　　ラソーソ　ミソラソ｜ララララララ・‖

・"こたえ"の部分は教師が色々な旋律をつくって歌い，例をいくつか紹介する。
・慣れてきたら，子供が"こたえ"の部分を即興的につくって歌う。
・教師は，子供のつくった歌について次のように声をかけるとよい。

T　1，2，3，4，5，6，7ウンの中で上手に言えたね！
T　「ゴハンと」が「タタンタ」というリズムになっているのがいいね！
・即興的な歌づくりは，楽しい雰囲気の中で色々な例を知り，たくさん経験を積むとよい。そうすることで，「自分もやってみよう！」と思う気持ちが生まれる。つくってみてから，どうしたらうまくいくのか方法や工夫のコツを伝えるようにする。「つくりたい！」という気持ちをまず育てたい。

(4) **タマゴ楽譜の書き方を知る（10分）**

・1人の子供がつくった"こたえ"の歌をタマゴ楽譜に書いて提示する。
・即興で歌詞をつくることができても，7拍に足りなかったり，7拍以上になったりすることもある。ここでは，7拍＋ウンの8拍分のフレーズを感じ取るとともに，ことばを早口にしたり，長く伸ばしたりすることで，リズムを工夫する力を伸ばす。また，タマゴ楽譜に書くことで，リズムや音の高さを理解できるようにしたい。

(5) **自分の考えた"こたえ"をタマゴ楽譜の中に書く（5分）**

例　「ハン　バー　グー　が　食べ　たい　な　ウン」
　　　タタ　タン　タン　タン｜タタ　タタ　タン　・ ‖

・子供の歌を教師が聴き取り，階名をタマゴの上に記入するとよい。

どんな題材に活用できる？

　「言葉のアンサンブル」「ドレミでつくろう」「わらべうたであそぼう」などの題材に活用できます。また，中高学年になって「沖縄の音階の旋律づくり」「五音音階でつくろう」などにも応用できます。
　タマゴ楽譜の使い方がわかり，歌をつくることができると，音符の理解にもつながり，音楽活動の幅が大きく広がります。

（後藤　朋子）

低学年 ： 音楽づくり ： 対象 1・2年

17 おとカード

共通事項 音色，呼びかけとこたえ
教材 身の回りの音
準備物 ワークシート「おとカード」（B6）

ねらい

○身の回りにある音に関心をもち，その音のよさや面白さを感じ取る
○気に入った音を選んで声で表現し，音あそびを楽しむ

　私たちの身の回りには，色々な音が存在します。その音は，心地よいものであったり，そうでないものであったりと，様々です。ここでは，何気ない生活の中にある音に関心をもち，音や音楽と生活との関わりを低学年なりに意識することをねらっています。また，見つけた音を自分なりに声で表現し，色々な声の出し方を楽しみます。

活動内容

(1) 2人組で，登校や下校時，または休み時間に「音さがし」をし，音を絵にしたりことばで書いたりする（10分）
T　昼休みに，外で遊んだ時に，席の隣の友達と聴こえてきた音を探してきてください。
C　はーい！　今日は，どんな音が聴こえてくるかな？
・「音さがし」で見つけた音を「おとカード」に記入する。
C　雀の声が聞こえました。かわいかったね！
T　どのように聴こえたか，書いてくださいね！

(2) 見つけた音を声で表現し，2人組で，交互に模倣したり会話のように伝え合ったりする（5〜10分）

・2人で向かい合い，声の出し方を工夫して，友達の模倣をしたり，会話したりする。
C1　ちゅんちゅん
C2　ちゅ　ちゅんちゅ　ちゅん

```
┌─────────────────────────────────┐
│           おとカード              │
│ ┌─────────────────────────────┐ │
│ │ 2ねん1くみ　なまえ　○○　○○ │ │
│ └─────────────────────────────┘ │
│ ●きょう，みつけたり　きづいたりした　お │
│ 　とが　あるかな？               │
│ ＜えで＞                         │
```

```
＜ことばで＞
きのうえで，ことりがないていました。

ちゅん　ちゅん

ちいさいなきごえでかわいかったです。
```

　　　　　　ワークシート「おとカード」（B6）

どんな題材に活用できる？

　「いろいろな音を楽しもう」「いい音見つけて」などの題材で，楽器だけでなく，口で表現できる色々な音を試すことができます。また，身の回りには様々な音があって，音楽にも活用できることを学びます。さらに，生活科と関連づけると，環境音や自然音など身の回りの音にも関心をもって生活する態度を培うことにもつなげられます。

　　　　　　　　　　　　　　　　　　　（石上　則子）

低学年　　　音楽づくり　　　対象　1・2年

18　私たちのかぞえうた

- **共通事項**　旋律，拍，反復，呼びかけとこたえ
- **教材**　かぞえうた（わらべうた「いちじくにんじん」など）
- **準備物**　木琴や鉄琴，あればオルフ木琴など

ねらい

○ことばあそびうたに親しみ，拍を感じ取りながら，声を合わせて歌ったり歌をつくったりする

○わらべうたの音階を使って，即興的に旋律や伴奏をつくり，歌と合わせて楽しむ

　わらべうたの教材性については，本書の色々なあそびで示されています。ここでは，私たちの生活の中にある〔数を数える〕行為が歌になった「かぞえうた」に着目して「ことばあそびうた」に親しみます。その上で，歌をつくったりその歌い方を工夫したりして，友達と合わせて歌ったりつくったりする楽しさや，歌に合う伴奏をつくり，主な旋律とは異なる反復する旋律や合いの手をつくって合わせる面白さを感じ取ります。

　この時，地域のことばのアクセントを生かして活動してください。

活動内容

(1) 数を一緒に数える方法を問いながら数字を板書し，色々な数え方を試す（10分）

T　運動会の紅白玉入れの時，どのように紅白玉を数えましたか？
C　い～ち，に～，さ～ん，し～い～です！

①「♪い～ち，に～，さ～ん，し～い，ご～」と10（とぉ～）までみんなで歌ってみる

②「いちじくにんじん」を子供たちに紹介する

「いちじくにんじん」(わらべうた)

③声を合わせて斉唱したり，1人と全員で交互に歌ったりする

例　1人　いちじく→全員　にんじん→1人　さんしょに→全員　しいたけ
　　→1人　ごぼうに→全員　むかご→1人〜

・学級を2つに分けて，交互に歌っても楽しい。

④「♪い〜ち，に〜」の数字のとなえ歌を伴奏に加えて，③に合わせる

⑤二部輪唱（1・3）にしたり三部輪唱（1・2・3），四部輪唱（1〜4）にしたりする

(2)言葉を変えて「わたしのかぞえうた」をつくり，歌い方を工夫する

①学級の数え歌をつくる（10分）

例　「わたしたちのかぞえうた」いいだこ　にしん　さんまにしらす〜

・テーマを決めるとつくりやすい。

②つくった歌をどのように表現するかを話し合い，決める（5分）

T　今日は，どのように歌いますか？
C　おいかけっこ（輪唱）にして，「♪い〜ち，に〜♪」の伴奏を入れたいな！

③即興的に，木琴でラとミで伴奏をしたり，ソとラで合いの手を加えたりする（10分）

どんな題材に活用できる？

　本あそびは，「かぞえうたをつくろう」という題材を設定して，グループでつくる活動に発展させることができます。また，「わらべうたであそぼう」「わらべうたでつくろう」などの題材に応用できます。

（石上　則子）

低学年　　　鑑賞　　　対象　1・2年

19 いつ鳴るかな？

- **共通事項** 音色，フレーズ
- **教材** タイプライター（ルロイ・アンダーソン作曲）
- **準備物** トライアングル，タイプライターのイラストまたは写真

ねらい

○打楽器の音色の特徴に興味・関心をもって聴く
○打楽器の音に着目して聴き，フレーズを感じ取る

　打楽器の音色の特徴に興味・関心をもつために，打楽器の音を聴き取って体の動きで表します。始めは教師が音を鳴らし，活動に慣れてきたら，子供たちが交替で楽器を鳴らす役をしてもよいでしょう。その後，曲の中に現れる打楽器の音を聴き取り，指を動かして反応します。旋律の終わりに現れる打楽器の音を聴き取ることで，フレーズを感じ取り，打楽器の音がいつ現れるか，期待をもって聴くことができるようになります。聴き取ることを明確にすることにより，子供は集中して音楽を聴く習慣を身につけていきます。

活動内容

(1) **教師が鳴らすトライアングルの音に合わせて，人指し指を動かす（5分）**
T　先生が鳴らす音に合わせて，人差し指を動かしましょう。
・教師が鳴らすトライアングルの音を聴き，音の特徴に合わせて人差し指を動かす。弱い音，強い音，一音を長く響かせる音，短く切る音，チリチリ…と細かく鳴らす音など，様々な鳴らし方を提示する。
・指を動かすことがうまくできたら，両手を使って，または，体全体の動きで表してもよい。声を出したり，足音を鳴らしたりしないように気をつける。

(2)「タイプライター」のAの部分（前奏の後の主な旋律が表れる部分）を聴き，ベルの音に合わせて人差し指を挙げる（5分）
- タイプライターのイラストまたは写真を見て，楽曲の中では，タイプライターで文字を打つ時のキーの音やトライアングルの音に似たベルの音が鳴ることを知る。タイプライターを打つ様子の動画を見てもよい。
- 「タイプライター」のAの部分を聴き，ベルの音が鳴ったら，人差し指を挙げる。
- T　タイプライターのベルの音はいつ鳴るでしょうか？　ベルの音が聴こえたら，右手の人差し指をピンと挙げましょう（旋律の終わりにベルの音が現れることに気づかせる）。

(3)「タイプライター」の曲全体を通して聴き，ベルの音の現れ方の変化を楽しむ（10分）
- ベルの音が鳴ったら人差し指を挙げながら「タイプライター」の曲全体を聴く。Bの部分（中間部），A'の部分（再現部）と終わりの部分でベルの音が鳴るタイミングや回数の変化を聴き取り，変化を楽しんで聴く。
- ベルの音の鳴り方がどのように変わったか意見を出し合い，再度，曲全体を通して聴く。

どんな題材に活用できる？

「いい音みつけて」「いろいろな音をたのしもう」など，楽器の音色に親しむ題材で扱うことができます。導入の打楽器の音を聴いて体の動きで表す活動は，打楽器の音色を生かした演奏や音楽づくりにも活用できます。

ベルの音に合わせて人差し指を動かす活動を行う時には，座席の配置を半円形やコの字型にして，友達の反応も見えるようにすると，聴き取ったことを共有しながら楽しく活動することができます。

（石井ゆきこ）

低学年　　　　　鑑賞　　　　　対象　１・２年

20 どんな動物？

- **共通事項** リズム，速度，旋律
- **教材** 組曲「動物の謝肉祭」（サン＝サーンス作曲）より４曲
- **準備物** エイドリアン・ミッチェル『動物たちの謝肉祭』（BL出版），動物の絵カード（４枚）

ねらい

○曲に合わせて体を動かしたり，歩いたりして曲想を感じ取って聴く
○曲を聴いて感じ取ったことをことばなどで表す

　低学年では，国語教材で動物についての学習をしたり，遠足や生活科見学などで動物園に行ったり，実際の動物を間近で見たりする機会も多いのではないでしょうか。そんな低学年だからこそ，音楽を聴いて動物の動きや雰囲気を想像することは，比較的容易に取り組める内容です。

動物の絵カード（４枚）

活動内容

(1)「象」「カンガルー」「亀」を聴き，曲名を考える（10分）
・「象」「カンガルー」「亀」のカードを見て，知っていることを発表する。
　象…大きい，鼻が長い，カンガルー…ぴょんぴょんはねる，亀…遅い，な

どの意見が出たら，「象になって」「カンガルーになって」「亀になって」
　　歩いてみたり，動きをまねしてみたりする。
・「象」「カンガルー」「亀」を聴き，どの動物だと思ったかを考える。
・聴き取ったことを旋律やリズムの特徴と結びつけて考えるように促す。
T　リズムや速さが〜〜だったから，この動物だと思った，というように，
　　音楽のどこからそう思ったのかを話せるといいですね。
C　曲の速さが，すごく遅くて，亀がゆっくり歩いているみたいだと思いま
　　した。
・曲名を知らせる。
(2) 動物の様子を想像し，楽曲や演奏の楽しさを味わって聴く（10分）
・曲名を告げ，「象」「カンガルー」「亀」を聴く。
・一人一人の感じ方のよさを認め，友達の感じ方に気づいたり自分の感じ方
　を広げたりする。
・「ライオン」のカードを見せ，「序奏とライオンの行進」を聴いたり，「動
　物の謝肉祭」の絵本を読み聞かせしたりして，「水族館」「耳の長い人物」
　「化石」など，同組曲の中から他の曲を鑑賞する。

どんな題材に活用できる？

　「どうぶつのようすをそうぞうしよう」「ようすをおんがくで」「どうぶつ
のおんがく」などで生かすことができます。新学習指導要領でも，第3指導
計画の作成と内容の取扱い2の(7)で「B鑑賞」の指導に当たって，ことばな
どで表す活動の必要性を示しています。感じ取ったことをことばにする時の，
教師の発問が大変重要になってきます。
　子供によっては，思ったことをなかなかことばにできない場合があります。
そんな場合には，グループ活動がとても有効です。友達の意見を聞いたり，
友達同士の意見の同じところや違うところについて考えたりすることで，次
第に自分の感じ取ったことをことばにして表せるようになります。

　　　　　　　　　　　　　　　　　　　　　　　　　　（千秋　　香）

低学年　　鑑賞　　対象 １・２年

21 行進の音楽を楽しもう！

|共通事項| リズム，強弱，反復
|教材| トルコ行進曲（ベートーヴェン作曲／オーケストラによる演奏）
|準備物| 絵カード（３枚）

ねらい

○体を動かしたり，歌ったりして行進の様子を思い浮かべて聴く
○「タン・｜タン・｜タンタン｜タン・‖」のリズムに親しみ，強弱や反復を感じ取る

　音楽に合わせて歩いたり「タン・｜タン・｜タンタン｜タン・‖」のリズム打ちをしたりすることで，集中して聴くことができます。低学年の鑑賞では，飽きずに何回も聴くための手だてを工夫することが大切です。場面や様子を想像させる場合に，教科書の挿絵や絵カード（p.51）などを使うと効果的です。

活動内容

・強弱の変化についての学習に結びつけるために，事前に「かくれんぼあそび」で遊んでおくとよい。

(1)「トルコ行進曲」を全曲通して聴く（５分）
・どんな様子を表しているかを思い浮かべながら聴く。
・挿絵を見たり，音楽に合わせて挿絵を指で指し示したりして，様子を想像しながら聴く。

(2)主な旋律を取り出し，曲に合わせて歩いたりリズム打ちしたりする(10分)
・主な旋律を口ずさみながら歩く。
・「タン・｜タン・｜タンタン｜タン・‖」のリズムを打ちながら聴く。

(3) 「かくれんぼ」（林柳波作詞，下総皖一作曲）を歌ったり，かくれんぼあそびをしたりしたことを思い出し，「トルコ行進曲」を強弱に気をつけて聴く（10分）

・「かくれんぼ」を歌いながら，かくれんぼあそびをする。鬼やかくれ役の「もういいかい」「まあだだよ」の声をよく聞くようにし，互いの距離が近いほど声（音）が強く，遠いほど弱く聴こえることを確かめるようにする。

C 段々強くなっているのは，行進している人が近づいてきたからじゃないのかな？

C 音が弱くなったのは，行進している人たちが帰っていなくなったからだと思います。

絵カード（3枚）

・挿絵を見たり，音楽に合わせて挿絵を指でさし示したりして，様子を想像しながら聴く。

(4) **色々なトルコ行進曲を聴いたり，映像を見たりする（10分）**

・ベートーヴェン作曲／ピアノによる演奏と聴き比べたり，モーツァルト作曲のトルコ行進曲を紹介したりする。

・トルコの軍楽隊が行進しながら「ジェッディン・デデン」を演奏している映像を視聴し，「タン・｜タン・｜タンタン｜タン・‖」のリズム打ちをしたり，曲に合わせて歩いたりする。

どんな題材に活用できる？

「おんがくにあわせて」「ようすをおもいうかべよう」「こうしんのおんがく」などリズムや曲想を感じ取る題材に活用できます。また，「タン・｜タン・｜タンタン｜タン・‖」のリズム打ちや曲に合わせて歩く活動から拍子を意識し，「2びょうしをかんじてきこう」といった題材も展開できます。

（千秋　香）

低学年　　　　鑑賞　　　　対象　1・2年

22 かっこうは，どこで鳴く？

共通事項 音色，リズム，旋律，反復
教材 森の奥に住むカッコウ（サン＝サーンス），かっこうワルツ（ヨナーソン）
準備物 ワークシート

ねらい

○「かっこう」の鳴き声を表す短い旋律を聴き取り，その表現の仕方と曲想との関わりを感じ取って，曲全体を楽しんで聴く

　現在の鑑賞活動では，音楽を形づくっている要素をもとに，音楽の構造に気づく学習が重視されています。しかし，子供はすぐに構造に耳を傾けるというわけにはいきません。聴き取る要素と感じ取ることが混然としている場合が多いのです。ここでは，身近な鳥の鳴き声を模した旋律が生かされている曲を聴き，その短い旋律を手がかりに，音楽のよさや面白さを感じ取り，音楽を聴く楽しさを味わうようにします。

活動内容

(1)曲名を伏せ，どのような鳥の鳴き声が聴こえてくるか，想像しながら音楽を聴く（各7分）
①曲名を伏せて「森の奥に住むカッコウ」（約2分）を聴き，かっこうの鳴き声に気づく
　T　これから聴く曲の中で，ある鳥の鳴き声が聴こえます。何鳥でしょう？
　C　あれ？　よわ〜く，「かっこう」って聴こえているような…。
　・ほとんどの子供が気づくように，途中まで2〜3回聴く。
②「かっこう」の鳴き声であることに気づき，どこで鳴いているのか想像しながら聴く

・自分の思ったことを友達と話し合って共有する。
③気づいたり思ったりしたことを発表し合い，曲名を知る
C　暗いところで，静かに鳴いているように，かっこうだと思いました。寂しいかっこうだなと思いました。わけは，鳴き声の音が低くて，全体的に音が弱い音楽だからです。

④自分の思ったことをワークシートに記入し確かめながら，全体を通して聴く

(2)かっこうの鳴き声を使った「かっこうワルツ」（約2分）を曲名を伏せて聴き，「森の奥に住むカッコウ」との違いを感じ取る（各7分）

ワークシート

①かっこうの鳴き声を使った曲であることを知らせ，「森の奥に住むカッコウ」と同じような場所で鳴いているかを想像しながら聴く
②3拍子のステップを踏みながら聴き，中間部分で踊り方を変える
③中間部分で「かっこう」の旋律が伴奏に使われ，くり返されていることに着目して聴く

どんな題材に活用できる？

　「ようすをおもいうかべよう」の題材では，導入として「森の奥に住むカッコウ」「かっこうワルツ」ともに教材として扱うことができます。また，「かっこうワルツ」は，弱起の曲ではありますが，2年の表現教材「かっこう」（ドイツ民謡）と同じ3拍子でＡＢＡの三部形式でつくられているので，「はくのまとまりをかんじとろう」の題材で，表現教材と関連づけて取り上げることができます。中間部分では，カッコウの鳴き声を表す短い旋律が反復され，伴奏になっていることに気づくようにすると，短い旋律（モチーフ）による音楽づくりにも生かすことができます。

（石上　則子）

低学年　　　　　鑑賞　　　　　対象　1・2年

23　呼びかけとこたえを感じて聴こう！

|共通事項| 音色，旋律，呼びかけとこたえ
|教材| 組曲「くるみ割り人形」より中国の踊り（チャイコフスキー作曲）
|準備物| フルートの演奏写真，ヴァイオリンのピチカート演奏写真

ねらい

○フルートとヴァイオリンのピチカートの演奏の仕方に興味・関心をもつ
○フルートとヴァイオリン（ピチカート）による旋律の呼びかけとこたえを聴き取り，楽器が対話するように演奏するよさや面白さを感じ取って聴く

　フルートとヴァイオリンの音色や演奏の仕方に興味・関心をもち，2つの楽器の旋律の呼びかけとこたえのよさや面白さを感じ取って聴きます。
　模擬演奏（楽器の演奏のまね）は，楽器の音色，リズムや旋律などを聴き取るのに効果的な方法です。この活動では，フルートまたはヴァイオリンの演奏者になったつもりで演奏のまねをしながら聴くことで，もう一方の楽器の旋律，楽器による呼びかけとこたえに気づくようにします。

活動内容

(1) **フルートとヴァイオリン（ピチカート）の音色や演奏の仕方に関心をもつ（7分）**

・何の楽器が主な旋律を演奏しているかを予想しながら，「中国の踊り」（約1分）を聴く。
T　楽器がお話している音楽を聴きます。先に話しかけている楽器は何でしょう？
C　笛のなかまかな？
・フルートの演奏写真を見て演奏するまねをしながら聴き，フルートの旋律

にこたえている楽器を予想する（①ピアノ　②トランペット　③ヴァイオリンと３択クイズにしてもよい。答えは③ヴァイオリン）。
・フルートにこたえていたのがヴァイオリンであることを知り，ピチカートの演奏の写真を見て演奏の仕方に興味をもつ。

T　ヴァイオリンは弓を使って演奏しますが，指で弾くピチカートという演奏の仕方もあります。

(2) **フルートとヴァイオリンのピチカートの呼びかけとこたえのよさや面白さを感じ取って聴く（10分）**
・２人組でフルート担当とヴァイオリン担当に分かれ，演奏のまねをしながら曲全体を聴く。
・フルートが話しかけ，ヴァイオリンがこたえる楽器の会話が最後に一緒に演奏していること，ファゴットの伴奏や鉄琴の飾りの音などを聴いて気づいたことや感じたことを話し合う。

どんな題材に活用できる？

　「いろいろな音を楽しもう」「いい音見つけて」のように，楽器の音色を聴き取り，楽器による表現を工夫する題材で活用することができます。
　また，「よびかけとこたえの音楽を楽しもう」「歌でよびかけっこ」のように，呼びかけとこたえを感じ取って歌ったり演奏したり，呼びかけとこたえを生かした音楽をつくったりする活動と関連づけることもできます。
　低学年が呼びかけとこたえを感じ取りやすい楽曲として，組曲「くるみ割り人形」より「行進曲」（チャイコフスキー作曲），「猫の二重唱」（ロッシーニ作曲），歌劇「魔笛」より「パパゲーノとパパゲーナの二重唱」（モーツァルト作曲）などが挙げられます。

（石井ゆきこ）

中学年　：　歌唱　：　対象 3・4年

24 拍にのって歌おう！

共通事項　旋律, 拍, フレーズ
教材　はじめの一歩（新沢としひこ作詞, 中川ひろたか作曲）
準備物　なし

ねらい

○拍にのって歌い, フレーズのまとまりを感じ取る
○旋律の特徴に合う歌い方を工夫する

　ここでは, 拍を感じ取って歌ったり, フレーズを意識して歌ったりすることに親しみます。体を動かして歌うことで, 楽しみながら歌い, 表現の意欲を高めることができます。対象は中学年ですが, このあそびはどの学年でも取り入れることができます。

　合いの手に手拍子を入れたり, 動く向きを変えたりすることで, フレーズのまとまりや, ブレスのタイミングを感じ取ることができます。

活動内容

(1) 教師の範唱を聴いて歌詞唱をする（5分）
(2) 歌詞に合わせて足踏みする（5分）
(3) 足踏みしながら2小節ごとにとまったり動く方向を変えたりする（10分）
①2小節ごとにとまり, 次のフレーズで前後左右に動く
②前後左右の動きを2小節分行ったら, とまって手拍子を打つ
③手拍子を打ったら, 歩く方向を変える
・手拍子のところまでが1つのフレーズやブレスになることに気づくように助言する。
・ブレスが休符と関係していることにも気づくように発問する。

T　手拍子のところでは，何をしていますか？
C　お休みになっていて，息を吸います。
C　手拍子のところで，お休みがあるね！
・手拍子のところを友達と手を合わせたり，肘をつけたりしても楽しい。

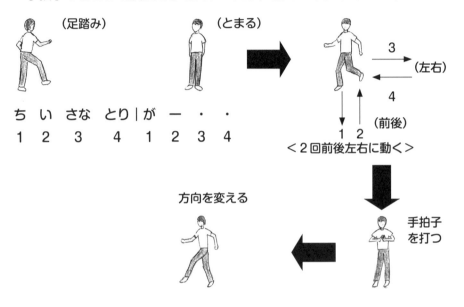

どんな題材に活用できる？

　「拍を感じてリズムにのろう」の題材で活用できます。この題材では，音楽あそびの活動にリズム打ちを入れると，より拍を意識することができます。
　速度を変えて歩き方を変えてみても，楽しく曲の特徴をとらえることができます。歩きながら歌う活動を行ったり，友達と手合わせをする部分を入れたりすることで，互いに拍の感じ方を確かめ合ったり，コミュニケーションを図ったりすることができるあそびになります。

（眞鍋なな子）

中学年　　　　　　歌唱　　　　　対象 3・4年

25 歌であいさつ！りんしょうしよう！

共通事項　速度，旋律，音の重なり，拍
教材　朝のあいさつ（三宅靖子作詞・作曲）
準備物　オルガンまたはピアノ

ねらい

○互いの声を聴き合って，友達と声を合わせて楽しく歌う
○音の重なり合いを聴き取って，そのよさや面白さを感じ取って歌う

　「おはようございます」の挨拶と同じように「朝のあいさつ」の歌で挨拶をします。斉唱→二部輪唱→三部輪唱と進めたり，「おはよう（ドソドー）」のオスティナート伴奏を加えたり，3人組で順番を変えて輪唱したりしながら，互いの声を聴く大切さや，音の重なり合う響きのよさや面白さを感じ取り，合唱活動の礎を培っていきます。

活動内容

(1)「朝のあいさつ」を教師の歌を模唱して覚える（各5分）
①2／4の4小節ずつ教師の模倣をして歌い，覚えて歌う
・覚えるまで，2〜3回くり返して歌うようにする。
②通して歌い，みんなで合わせて歌う
・教師は，ピアノやオルガンでG（ソシレ）→D7（レ♯ファラド）→G（ト長調）のコード伴奏をするとよい。
(2)互いの声を聴き合いながら，二部や三部で輪唱する（各7分）
①学級を2つに分けて二部輪唱し，歌い出す順番を変えて2回歌う
・先に歌い出す組が「あーさのあいさつは」まで歌ったら，2組目が入る。
②学級をA〜Cの3つに分けてAとBで二部輪唱し，Cは聴き，気づいたこ

とや感じたことを発表する（2〜3名）
・役割を交代して活動する。
③A〜Cの3グループで三部輪唱し，歌い出す順番を変えて3回行う
A　♪あーさのあいさつは　えがおでどうぞ　　おはようー
B　　　　　　　　　　♪あーさのあいさつは　えがおで〜
C　　　　　　　　　　　　　　　　　　♪あーさのあいさつは
④学級をA〜Dの4つに分けて②と同様に聴くグループをつくり，3グループが輪唱し，聴くグループから1〜2名が気づいたことなどを述べる
⑤3人組または4人組で円をつくり，各グループで歌い出す順番を決め，互いの顔を見合いながら，二部または三部で輪唱する

T　♪3人組をつくって！　➡　　

・教師は，即興的に旋律をつけて指示すると楽しい。
・1人になってしまう子供がいないように，仲間に入れるように促す。
・3〜4人組ができたら，教師は，伴奏を入れたり，グループ巡視をしたりして活動の様子を見守り，必要に応じて「よく響いている！」など声かけをする。

(3)「おはよう〜(G→D→G)」の伴奏を歌でつけて，音の重なり合う響きを聴いて歌う（各5分）
①学級を3つに分けてABは斉唱，Cは「おはよう」の伴奏をつける
② ABは輪唱，Cは伴奏を行う

どんな題材に活用できる？

　この歌は3番が「別れのあいさつは〜」という歌詞なので，帰りの会などでも扱えます。音楽授業の始めや終わりにも活用でき，「明るい歌声ひびかせよう」「音を合わせて楽しもう」などの題材の導入にぴったりです。

（石上　則子）

中学年 ： 歌唱 ： 対象 3・4年

26 わらべうたを重ねて遊ぼう！

共通事項	音色，旋律，音の重なり
教材	おちゃをのみに（わらべうた）
準備物	「おいかけっこ」「速い・ふつう・遅い」「かざり」「高い・低い」の4種類のカード

ねらい

○わらべうたの色々な重ね方を工夫し，声の重なりを楽しむ

　声の重なりを楽しむには，声の出し方をやわらかく響く声でそろえて歌いたいものです。ここでは，「おいかけっこ」で同じ旋律が追いかけ合って重なる面白さを感じます。次に，リズムの拡大（倍加）縮小（半減）を使って，速度が変わった同じ旋律が重なる面白さを楽しみ，さらには，4度下から始まる旋律と歌い合わせ，独特な響きを味わいます。

活動内容

(1)「おちゃをのみに」を2声，3声で「おいかけっこ」の仕方を変えて歌う（各5分）

①1組目が「おちゃをのみにきてください」まで歌って，次の組が「おいかけっこ」で歌う

A　おーちゃを｜のーみ　に｜きて　くだ｜さい　はい｜〜
B　　　　　　　　　　　　　　　　　　　　　　　　おーちゃを｜〜

②1組目が「おちゃをのみに」まで歌ったら，次の組が歌う

③1組目が「おちゃを」まで歌ったら，次の組が歌う

・子供の実態に応じて，3声にしてカノンを楽しむようにする。互いの声をよく聴き合い，相手の歌を心の中で歌いながら同時に自分の歌もしっかり歌えるようになると，カノンによる重なりを感じ取ることができる。

(2) 速度の違う「おちゃをのみに」を同時に重ねて楽しむ(各5分)
① 2組に分かれ，1組目は，♩＝100くらいの普通の速度で歌い，2組目は，
　♩＝200くらいの2倍の速度で歌って重ねる
A　おーちゃを｜のー　　　みに｜きて　くだ｜さい　　はい｜〜
B　おーちゃをのーみに｜きてください　はい｜こんにちは｜いろいろ　おせわに｜〜
・速い組は全部を2回くり返して歌う。
② 1組目は，♩＝100くらいの普通の速度で歌い，2組目は，♩＝50くらい
　の半分の速度で歌って重ねる
・普通の組は全部を2回くり返して歌う。
③ 3組に分かれて，普通2回，速い4回，遅い1回で，全部重ねて歌う
・各自の旋律を心の中で歌い，リズムを手で打って重ねるとわかりやすい。
(3)「おちゃをのみに」から切り取った短い旋律 "はいこんにちは" や "きて
　ください" をくり返して主な旋律と重ねて楽しむ（5分）
例　"はいこんにちは" だけをくり返す組と，旋律を重ねる
A　　｜おーちゃを｜のーみに｜きてくだ｜さいはい｜こんにち｜は〜
B　はい｜こん　にち｜は　はい｜こんにち｜は　はい｜こんにち｜は〜
・短い旋律をくり返し飾りの旋律にすることで，旋律を飾る楽しさを感じ取
　ったり，主役と脇役の旋律の役割を体験しながら学んだりできる。
(4)「おちゃをのみに」を4度下から始まる旋律で歌う（5分）
A　ラー　シシ｜ラーソソ｜ララソソ｜ラー　シー｜〜
B　ミー♯ファファ｜ミーレレ｜ミミレレ｜ミー♯ファー｜〜

どんな題材に活用できる？

　この音楽あそびを「おいかけっこ」「速い・ふつう・遅い」「かざり」「高い・低い」の4種類のカードからやってみたいものを選び，グループで工夫して声を重ねる学習として発展させることもできます。また，1つの旋律が速くなったり遅くなったりして現れる楽曲を扱う学習や，色々なパートが重なる学習など，歌唱以外の領域分野の学習に応用できます。　　（後藤　朋子）

中学年　　　　　歌唱　　　　対象 3・4年

27 ドレミの階段で歌あそびをしよう！

共通事項　リズム，速度，音の重なり，音階，調
教材　なし
準備物　五線にハ長調の音階を書いたカード（1人ずつ用意する）

ねらい

○ハ長調の音階に親しみ，音の高さや音階に慣れる
○音の重なりの面白さを感じ取る

　音の高さを意識して歌い，音階に親しむ音楽あそびです。交代で歌うことで，一つ一つの音の高さを意識して歌ったり，他の人が歌う音を心の中で歌ったりしながら，心で音を考え聴く習慣を身につけ，さらには，自分が歌う時も，音の高さを意識するようにしていきます。
　また，即興的にリズムを変えて歌うことにより，「集中して考えながら歌う」ことができるようにします。

活動内容

(1)音の高さを意識して，ドレミファソラシドシラソファミレドを歌う（各5分）
①手で高さを表しながら歌う
②教師と1音交代で歌う（♩=100，二分音符で）
　T　ドー→C　レー→T　ミー→C　ファー〜
③教師と2音，3音交代で歌う（♩=100，四分音符で）
　T　ドレ→C　ミファ→T　ソラ→C　シド〜
④手元の音階カードの音を指でさしながら，友達と交代で歌う
(2)速さを変えたり，リズムをつけたりし，即興的に音階を歌う（各5分）
①教師の合図で音価を2倍や半分の長さに変えて，ハ長調の音階を歌う

T

C　ド-レ-ミ-ファ-｜ソーラーシードー｜シ-ラ-ソ-ファ-｜ミーレード―

T

C　ド-レ-ミ-｜ファソラシドシラソ｜ファ-ミ-レ-ド-～

② ♪♫のようにリズムをつけて歌い，最後にドがくるまでくり返す

　　ドーレミ｜ファーソラ｜シードシ｜ラーソファ｜ミーレド‖

・リズムをつけることで，終わりに向かうフレーズや強弱の変化を自然に感じ取ることができる。教師の声かけのタイミングに気をつけたい。

(3) **ハ長調の音階をカノンで歌い，音の重なりの面白さを感じ取る（5分）**

① 2組に分かれ，2音遅れでカノンをする

A　ドーレー｜ミーファー｜～
B　　　　　ドーレー｜ミーファー｜～

② 2組に分かれ，上から音階を降りる組と，下から音階を上がる組に分かれ，音を重ねて歌う

A　ドレミファ｜ソラシド｜～
B　ドシラソ｜ファミレド｜～

どんな題材に活用できる？

　「音の高さに気をつけて歌おう」「明るい歌声ひびかせよう」「長調と短調」「ドリア旋法を楽しもう」などで，音階を学ぶ題材の導入として活用できます。音の高さを意識したり，音符を結びつけたりする学習は，覚えたことを使えるようになることで，その価値や意味が理解できるようになります。

（後藤　朋子）

中学年 ： 歌唱 ： 対象 3・4年

28 しゃべり声！笑い声！怒った声！歌声？？

共通事項 音色，旋律，強弱，調
教材 ハローハロー（アメリカ民謡，中明子訳詞）
準備物 ピアノ，オルガンなどの鍵盤楽器

ねらい

○歌を通して友達とコミュニケーションを図る
○互いの声を聴いて，声をそろえて歌ったり，1つの旋律を色々な調で歌ったりし，歌う面白さを感じ取る
○声の色々な出し方を試し，曲種に応じた声の出し方を探る

　中学年は，子供の成長としても，音楽的にも，高学年につながる大切な時期です。また，学習した様々なことをどんどん吸収する時期でもあるので，できるだけ色々な体験をさせたいものです。ここでは，子供一人一人の声を尊重し，子供同士のコミュニケーションを大切にしながら，声の出し方には色々な種類があり，楽曲に合った声の出し方を考えるようにしたいと思います。

活動内容

(1) **教師の指示にしたがって，「ハローハロー」を歌い，色々な声の出し方で歌う（5分）**
T　まずは普通に歌おう！　ワンツースリーフォー！
C　（歌う）

・普通の声でのどを必死に使って歌っていたら，半音上げる。
・子供の状況に応じて，半音ずつ上げていくと，どこかでいわゆる裏声でなければ出ない高さが出てくる。

(2) 裏声的になったら，子供との応答の中で色々な声の出し方に気づくようにする（10分）

T　なんでいつもと違う声で歌ったの？
C　なんとなくー！　こうしないと出ないからー。
・子供のことばを整理しながら，声について「しゃべり声，笑い声，怒った声，そして歌声⁉」などまとめ，普段使っていない声が歌うと美しいことを価値づけし，子供が歌声のよさに気づくようにする。
T　教室中が響いてビックリしたよ！　素敵な声だったね！
・新しく出合った声を声のカテゴリーとして増やす。

(3) もとの高さ（ド：ハ長調）に戻しても響きのある声で歌う（5分）
・「歌声」でもとの高さで歌い，よく響く声が聴こえるか確かめる。
T　今，また響きのある声が聴こえてきたんだけど，だれの声かわかる人いたら教えて！　先生，みんなの声がまとまって聴こえてだれかまではわからないんだよー。
C　○○君だよー！　○○さんだよー！
T　○○君，1人で最初の高いドの音だけ，階名でいいから歌ってくれる？
C　いいよ！
T　（1人で歌ってくれることに拍手を全員に促す）
全　盛大な拍手ー！
・1人で歌う雰囲気もつくり，歌声のよさをも認めていくと自然に歌い方が変わってくる。

どんな題材に活用できる？

「明るい歌声をひびかせよう」「音を合わせて楽しもう」に活用できます。歌声で合わせた感覚を「リコーダーとなかよしになろう」などで音色を合わせる活動にもつなげることができます。

(岩井　智宏)

中学年 ： 歌唱 ： 対象 3・4年

29 声のエネルギー源は？？ そしてハーモニー‼

共通事項 速度，旋律，強弱，音の重なり，和音の響き
教材 ハローハロー（アメリカ民謡，中明子訳詞）
準備物 ピアノ，オルガンなどの鍵盤楽器

ねらい

○声を十分に出す方法を試しながら理解し，音を重ねて，和音の響きを感じ取る

　歌唱に取り組む上でよく聞くことばが，「もっと大きな声で！ もっと元気よく！」などの声かけです。しかし，これだけでは，気合いで歌うしか手段がなく，大声，怒鳴り声に子供が頼り始めます。それでは，高学年になるにつれて出てきやすい「照れ」に比例して，歌声が弱まってしまう可能性があります。だからこそ，中学年のうちからどんな方法で歌声が広がるかを，実感をもって子供が感じ取るようにしていくことが大切なのです。

活動内容

(1)「ハローハロー」を使い，息の使い方を知る（10分）
①はじめの「ド」の音をずっと伸ばし続ける
T　それでは，「ハロー」を伸ばします！ ワンツースリー！
C　（はじめの「ド」の音を伸ばし続ける）
・子供は，不思議な顔をしながらも声を出し続け，段々声が消えてきたり，最後の方は怒鳴り声に変わってきたりする。
②なぜ，声が変わってきたかについて話し合いながら，息の大切さに気づくようにする
T　なんで歌声消えたの？ そして，最後の方はなんで怒鳴り声？

C　だって息が苦しいんだもん！
T　そうだよね。でもさー普段喋っている時に，そんな息のこと考えないよね？　歌声は息をたくさん使うんだね。じゃあ，歌の時はいっぱい吸って歌おう！

③息の吸い方に気をつけて，全員で歌う
・息のことに気づくと，歌声にパワーが生まれてくる。１人で歌うなどの活動も行い，一人一人がしっかり歌えるようにする。

⑵4声に分かれて「ハローハロー」を歌い，和音の響きを感じ取る（5分）
・「ド」→「ソ」→「ミ」→「ド」の4つに分かれて，最後の「ド」が入るまで，自分の音を伸ばし，「ドミソド」の和音の響きを味わう

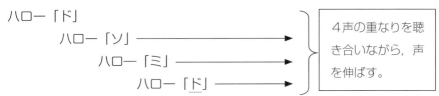

・4声が十分に重なり響いたら，曲の続き「やあこんにちは～」を歌う。
・始めは，各パートの人数が減り，自信もなく声が弱くなるかもしれないが，一人一人が声の出し方を理解することで，和音の響きは必ず生まれ，声の膨らませ方がわかってくると，和音の響きを実感できる。

どんな題材に活用できる？

「明るい歌声をひびかせよう」「音を合わせて楽しもう」などの題材に活用できます。ここで学んだ「明るい響きの歌声」は，高学年での「豊かな響きの歌声」につながる歌声です。高学年で合唱を楽しむ時に，本あそびの活動が生きてきます。また，「ハロー」を「ドミソド」で重ねるあそびは，和音の響きを感じ取りながら歌う活動につながります。

（岩井　智宏）

中学年　　　　器楽　　　　対象　3年

30 タンギングはトゥトゥトゥ星人で！

- **共通事項** 音色，リズム，拍
- **教材** なし
- **準備物** タンギング星の絵カードや人形，ことばのカード，掲示用のリズムカード，リコーダー

ねらい

○音色に気をつけて，息の使い方やタンギングの仕方に慣れる
○リコーダーの指使いに慣れ，簡単な旋律を演奏する

　3年生になり，はじめてリコーダーに挑戦！　ところが，日本語にはない発音を使うタンギングで苦労をすることが多いのではないでしょうか。ここでは，タンギングを楽しく無理なく，興味をもって取り組めるようにします。リコーダーを持ってしまうと興味が広がってしまうため，本あそびは3年生になってからリコーダーを使うまでの事前指導で取り入れると効果的です。

活動内容

(1)リコーダーを持つ前に，リコーダーへの期待感をふくらませる(各5分)
①「タンギング星」の紹介をし，タンギング（トゥトゥ）で話をする
・写真1のような絵カードを用意し，次のように語りかける。
T　ここは宇宙のかなた，タンギング星。タンギング星には，トゥトゥトゥ星人が住んでいる。今日は君たちに僕たちのことば，トゥトゥトゥ語を紹介しよう（「ことばのカード」を見せる）。
例1　タンギング星のあいさつは「トース！」
例2　「ホットケーキ→トゥットゥトゥートゥ」
　　　「カレーライス→トゥトゥートゥトゥトゥ」

写真1

②友達の名前や担任の先生の名前をトゥトゥトゥ語で話したり，挨拶のことばもトゥトゥトゥ語で言ったりする

例 「さようなら→トゥトゥートゥトゥ」
　　「せんせい→トゥトゥ」

・雰囲気を盛り上げると，子供もその気になって会話し，楽しみながら舌の動きや発音に慣れるようになる。

③普通のことばとトゥトゥトゥ語と両方を手のひらに息を当て，当たり方の違いをつかむ

・トゥトゥトゥ語の方が鋭く息が当たる感覚をつかむようにする。

(2)「リズムカード」でタンギング唱や階名唱に慣れる（5分）

①メトロノームや自動オルガンで拍打ちをし，「掲示用のリズムカード」（写真2）のリズムを手拍子で打つ

・拍の分割をつかむようによく聴き合う。

②トゥトゥトゥ語や階名で歌う

写真2

(3)リコーダーを持つ姿勢やルールを示し，習慣化する（5分）

①椅子の前の方に「ちょこっと」座り，足の裏を床に「ピタッと」つける（写真3）

②運指は「シの音ようい」「人差し指ピタ！」「親指ピタ！」など，4／4の流れにのってラップ調に話したり復唱したりする

写真3

どんな題材に活用できる？

　本あそびは，はじめてリコーダーを持つ3年が最適です。「リコーダーに親しもう」の題材の導入や運指の学習で大いに活用することができます。

（青嶋　美保）

中学年　：　器楽　：　対象 3年

31 絵描き歌で楽しもう！

共通事項	速度，旋律，フレーズ
教材	うさぎ（日本古謡，文部省唱歌）
準備物	リコーダー，黒い画用紙，色鉛筆，クレヨン

ねらい

○日本の古くから伝わる歌の雰囲気を感じ取る
○曲の感じを生かしてリコーダーで自分の気に入った旋律をつくる

　まずは「うさぎ」の絵描き歌を作成して歌詞も書きます。フレーズを大切に歌えるようになったら，リコーダーで提示されたリズムを使ってファ・ラ・シの3音で前奏や後奏をつくります。自分のつくった絵描き歌画用紙を見て歌う人と，リコーダーを演奏する人で分担し，合わせて演奏すると，友達と関わり合いながら楽しく学習できます。

活動内容

(1)「うさぎ」の絵描き歌をつくる（15分）

・何回か歌いながら練習した後，黒い画用紙に色鉛筆やクレヨンなどでうさぎを描く。お月見の飾りなどを入れてもよい。最後に歌詞を書き込み，自分のサインを入れて仕上げる。

うさぎ うさぎ

なに見て

はねる

十五夜お月様

見てはーねーる！

(2) ファ・ラ・シの3音で2/4，4小節の前奏や後奏をつくる（各10分）

前奏のリズムと前奏の例

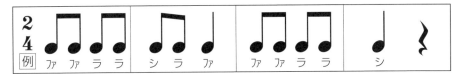

後奏のリズムと後奏の例

①前奏か後奏かを選び，各グループで相談してつくる
②ペアグループで，互いの旋律を聴き合う
・ファ→シ，シ→ファと飛んで動くのを避けるとつくりやすい。

(3) **ペアグループで合わせ，発表する（10分）**

　A：リコーダー前奏→歌→B：リコーダー後奏

・自分の書いた歌詞カードを見て歌ったり，掲示したりして演奏する。
・速度を変えて演奏したり，子供のリクエストの速度で教師が拍打ちをしたりするとよい。
・朝の時間で行う時は，2～3グループずつ発表する。

例　うさぎさんがはねている感じ　　　　　→スタッカート気味に演奏
　　おもちをたくさん食べて，おなかいっぱい→ゆっくりめに演奏

どんな題材に活用できる？

　「えかきうた」は，我が国の伝統的な音楽の雰囲気や特徴に親しむことのできる楽しい活動です。わらべうたを活用する際は，使われている音を確認してその音で活動を展開します。また，「日本の音楽に親しもう」「おはやしの音楽をつくろう」などの題材でも生かすことができます。

（今井さとみ）

32 リコーダーでいい音つくろう！

中学年 ： 器楽 ： 対象 3・4年

共通事項 音色，旋律，音階，調，呼びかけとこたえ
教材 なし
準備物 リコーダー

ねらい

○リコーダーの音色に関心をもち，美しい音で演奏する
○リコーダーの運指や色々な演奏の仕方を身につける

　リコーダーの導入には，色々な方法があります。ここでは，リコーダーの頭部管だけを使った音あそびから，様々な音色を楽しみ，リコーダーに親しみます。その上で，タンギングや運指の仕方，さらには，レガート奏やスタッカート奏などの演奏の仕方にも触れます。

活動内容

⑴リコーダーで色々な音あそびをする（各5分）
①頭部管だけで色々な音を試す
例　赤ちゃんの鳥の声→ピーピー：エッジのある窓を指で軽く押さえる
　　ふくろうの鳴き声→ホーホー：中部管との接続部分と窓を手のひらで調節しながらふさぐ

②リコーダーをもとに戻し，色々な音を試す
ア）指孔を自由にふさいで，いろいろな音を試す
例　カッコウの鳴き声→「ド・ラ」「ソ・ミ」「ファ・レ」など
　　フクロウの鳴き声→低いド（全部の指孔を押さえる）を弱く吹く
イ）好きな音を選んで，4〜8拍伸ばしたり短く切って演奏したりする
⑵1音，2音，3音など，学習した音で4拍の旋律を模倣し合う（各5分）

①教師が演奏した旋律を子供が模倣する
②子供同士で模倣し合う

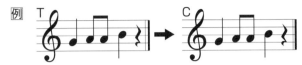

- リコーダーを持たず，タンギング唱でまねをするとタンギングの練習にもなり，効果的である。
- 子供同士で行う場合は，2人組で行ったり，3人組，4人組で行ったりして変化をつけるとよい。

(3) **レガートやスタッカートなどを意識し，演奏の仕方に気をつけて，音階を模倣し合う（7分）**

例 「ソ～レ」のト長調の音階をレガートやスタッカートで演奏する

- ヘ長調の音階（ファ～ド）にすると，♭シの練習ができる。また，ハ長調の音階（ド～ソ）にすると，低いドレミを美しい音で演奏する練習になる。高いド（ド～ソ）から始めるとサミングの練習になる。

どんな題材に活用できる？

　3年のリコーダーの導入や4年のサミングの練習に活用できます。常時短時間継続することで，運指に慣れ，美しい音で演奏できるようになります。
　「こんにちはリコーダー」「めざせ楽器名人」「リコーダーとなかよしになろう」などの題材で，運指の難しいところだけを取り出して本あそびを活用し，模倣をくり返すと，運指に慣れ，美しい音に近づきます。　　（飯島　千夏）

中学年　：　器楽　：　対象 3・4年

33 ジャズ風にリコーダーで吹こう！

- **共通事項** リズム，旋律，変化
- **教材** When The Saints Go Marching In ＝聖者の行進（アメリカ民謡）
- **準備物** リズムカード，楽譜の拡大紙

ねらい

○リズムの変化によって，楽曲の気分が変わることを感じ取る
○簡単な旋律のアレンジでリコーダーを演奏し，ジャズの雰囲気を味わう

　始めにマーチの「聖者の行進」をリコーダーで練習しておきます。マーチもジャズも，1拍目と3拍目にしっかりとのることは同じです。スウィングできた時に，スウィングのリズムにのりやすくなります。

活動内容

(1)「リズムカード」を見て，2拍目と4拍目に手拍子を打つ（5分）

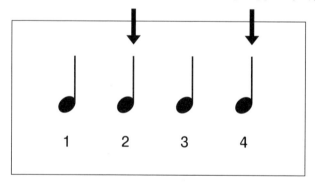

(2)スウィングしながら，「聖者の行進」に手拍子を加える（10分）
・左右に身体をスウィングする際は，真ん中に2拍目と4拍目がくるようにする。

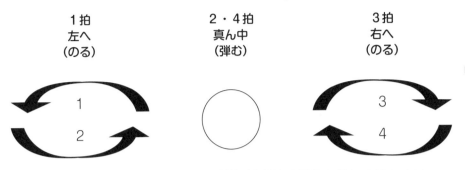

・ステップをノリよくするために，弾んだ感じで行うようにするとよい。
・ジャズにアレンジされた音源で「聖者の行進」を聴きながら，スウィングして手拍子を入れるとよりよい。

(3) フレーズの始まりの1拍目に八分休符を入れて，ジャズ風な旋律でリコーダーを演奏する（10分）

・四分音符はスタッカートに近い感じで吹くとスウィングの感じが出る。

どんな題材に活用できる？

　「聖者の行進」や「茶色のこびん」などには，ジャズにアレンジされているスタンダードな音源が数多くあります。それらを鑑賞して，ジャズにアレンジされた合奏にチャレンジすると楽しく活動できます。その際，アクセントをはっきり強調して，八分音符は短く切って演奏しましょう。ジャズは楽譜に表せないニュアンスがたくさんあるので，知っておくとすてきな演奏に変わります。

　本あそびは，「えんそうのくふう」「いろいろな音のひびきを感じ取ろう」などの題材に活用できます。

（今井さとみ）

中学年　：　器楽　：　対象 3・4年

34 打楽器でコミュニケーション

- **共通事項** 音色，リズム，強弱，反復，呼びかけとこたえ
- **教材** なし
- **準備物** トライアングル，カスタネット，タンブリンなど小物打楽器

ねらい

○様々な打楽器の音色に関心をもち，その特徴を感じ取る
○様々な打楽器の奏法を身につけながら，友達の音や演奏の仕方のよさや面白さを認め合う

　中学年の器楽では，リコーダーを中心に学習を進めることが多いと思います。ここでは，中学年の音楽的な技能の成長に配慮し，子供の楽器に対する興味・関心を高めながら，色々な楽器の奏法を身につけていきます。教師や友達との関わりの中で，低学年で触れた楽器をよりよい音で表現できるようにしたいと考えています。

活動内容

(1) 1人1つの打楽器を持って，4拍のリズムを打つ（各5分）
・楽器の持ち方，音の出し方に気をつけ，いい音が出せるようにする。
① 1人ずつつなげていく

② 隣の友達と2人組で交互に打つ

- 友達と2～4回会話するようにし，打つ時は，同じリズムをくり返してもよいし，回ごとに変えてもよい。
- 演奏の仕方を工夫して，友達のリズムを模倣してもよい。

③全員で「♩♩♩𝄽」のリズムを鳴らす→Aさん→全員→Bさん→とつなげ，最後は全員で「♩♩♩𝄽」で終わる。

- 各自のリズムは，演奏の仕方を工夫しながら，楽器の音色を生かすとよい。
- どの活動も，音色をよく聴き，丁寧に打つようにしたい。

(2) **2人組で，1つの楽器を，バチを変えて打つ（各7分）**

- 1人が4拍のリズムを打つ→同じ楽器で違うバチを持った人がリズムを模倣する。

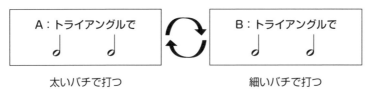

- 音色の違いを聴きながら交互に打つ。この時も，2～4回会話するようにする。回ごとに，リズムを変えてもよい。

どんな題材に活用できる？

「いろいろな音のひびきをかんじとろう」「拍を感じてリズムにのろう」などの題材で活用できます。また，合奏のリズム伴奏やリズムアンサンブルをつくる学習の導入にも活用できます。本あそびは，曲に合う音色を考えて打ち方を工夫したり，木琴や鉄琴のマレットや小太鼓のスティックなどバチを選んだりして演奏することにつながります。

（飯島　千夏）

中学年　：　器楽　：　対象　3・4年

35 カップリズムで楽しもう！

共通事項	リズム，旋律，音の重なり，拍，反復，変化
教材	なし
準備物	紙コップ（赤・青・白など3色），リコーダー，打楽器など

ねらい

○偶然に生まれるリズムに興味・関心をもち，その面白さを感じ取りながら，音楽の仕組みを生かした音の重なりのよさに気づく

　紙コップを使って偶然できるリズムを楽しんだり，できたリズムにリコーダーで音をつけてくり返しや構成を工夫して音やリズムの重なりを楽しんだりして，「音が重なる」よさや面白さを十分に味わいます。

活動内容

(1)紙コップを使ってリズム打ちをし，偶然に生まれるリズムの面白さを感じ取る（各5分）

①青い紙コップを8つ並べ（写真1），教師が端から指さし，子供が手で打つ

・青い紙コップは四分音符を表す。
・教師の手の動きは指揮の役割をし，速度と拍の流れを感じられるようにする。

写真1

②青い紙コップの上に子供が赤い紙コップを自由に重ね，変化したリズムを同様に手で打つ。赤い紙コップは八分音符（1拍分タタ）を表す。左右両方からリズム打ちし，違ったリズムを楽しむ（写真2：左から2・4個目は赤，6個目は白）

写真2

③白い紙コップを好きなところに重ね，リズムを左右両方から打つ
・白い紙コップは四分休符を表す。
・教師は，常に打つコップを指し示し，拍を感じられるようにする。

＜演奏の順序＞

「A：左から2回反復」→「B：右から2回反復」→「A・B：両方一緒に2回反復」

④2組に分かれてリズム合戦を楽しみ，リズムの重なりを感じ取る

(2)紙コップの色ごとにリコーダーで音をつけ，リレーしたり重ねたりして，旋律がつながったり重なったりする面白さを感じ取る（10分）

①「青→ソ　赤→ララ」または「青→高いド　赤→高いレレ」で，紙コップに合わせて演奏する
・グループによって「ソ・ララ」か「ド・レレ」を選んで重ねると，独特な響きを楽しめる。

②グループの旋律をリレーしたり重ねたりする

例　ピアノの和音4拍前奏（最後まで続ける）→ A（ソ・ララ）→ B（ド・レレ）→ AB が同時に→ C（ソ・ララ）→ D（ド・レレ）→ CD が同時に→ ABCD →＜終わり＞全員ラを伸ばす

・ピアノのラとミの和音を伴奏として反復する。
・グループごとに紙コップのリズムを変えると楽しい。

どんな題材に活用できる？

　本あそびは，低学年では白の紙コップに動物の絵を描き，動物のポーズを休みの代わりにして楽しんだり，高学年では黄色い紙コップを用意して三連符とし，リズムに変化をつけたりすることができます。「拍を感じてリズムを打とう」「せんりつの重なりを感じ取ろう」などの題材に活用できます。

（青嶋　美保）

中学年　　　音楽づくり　　　対象　3・4年

36　2人の会話をリズムでつくろう！

- **共通事項**　リズム，強弱，音の重なり，拍，反復，呼びかけとこたえ，変化
- **教材**　なし
- **準備物**　リズム・カード，クラベス，カスタネットなど

ねらい

○友達とリズムの模倣をしたり互いに問答したりしながら，音楽のルールや仕組みを理解する

　はじめに，8拍のリズムをつくることができるようにしておきます。自分でつくることが難しい子供には，リズム・カードから選べるようにします。提示するリズムはできるだけやさしく，くり返しできるものがよいでしょう。最初は教師と行い，慣れてきたら友達と2人で行うようにします。つなぎ方や重ね方，反復や呼びかけとこたえ，変化の仕方などを理解しておくと，子供同士で音楽を構成して音楽をつくることができるようになります。

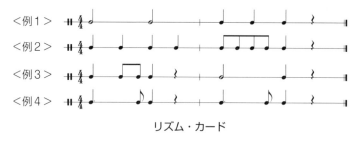

リズム・カード

活動内容

(1)2人組で，自分が考えたリズムを互いに模倣し合う（5分）
- ・正確に模倣ができるように，何度もくり返すようにする。
- ・拍を感じ取れるように，教師がクラベスやカスタネットなどで拍を示す。

⑵ **相手のリズムを聴いて，違うリズムで答える（7分）**
・子供の工夫を紹介しながら行うとよい。
例　前半の4拍は模倣をして後半の4拍は違うリズムにする
　　前半は違うリズムにして，後半は同じにする
　　相手のリズムとは対照的なリズムにする

⑶ **リズムの重なりの面白さを考えながら，色々な友達と2人組をつくり，話し合ってつくる（10分）**
・発表し合い，色々な重ね方の工夫に気づくようにしたい。
例1　前半は同じで，後半は変化するリズムで，2回くり返す

例2　前半は違うリズムで，後半は同じにする
例3　前半と後半のリズムを入れ替える
例4　対照的なリズムを重ねる（1人は音価が長く，もう一人は細かく）
例5　まったく違うリズムを重ねる
・「ア　反復の回数」「イ　強弱の変化」「ウ　ずらして重ねる（4拍，2拍遅れのカノン）」など重ね方のルールを示してもよい。

どんな題材に活用できる？

　「拍をかんじてリズムをとろう」「いろいろな音のひびきを感じ取ろう」など，手拍子やことばを使ってリズムアンサンブルをつくったり，音の素材の組合せを工夫して打楽器を演奏したりする題材に生かすことができます。また，本あそびを基本に構成を考えれば，まとまりのあるリズムアンサンブルをつくることもできます。

（米倉　幸子）

中学年 ： 音楽づくり ： 対象 3・4年

37 ボイスアンサンブルにチャレンジ！

- **共通事項** リズム，速度，強弱，拍，フレーズ，反復，変化
- **教材** 早口ことば「なまむぎ　なまごめ　なまたまご」「隣の客はよく柿食う客だ」など
- **準備物** クラベス，手太鼓など

ねらい

○早口ことばのもつ歯切れのよさを生かして，ことばによる即興的なリズムアンサンブルをつくる

　低学年では，単語や短いことばでのリズムあそびや旋律あそびを楽しみます。中学年では，身近なことばあそびである早口ことばを使って，速度を変えたり強弱を変化させたりして楽しみ，拍子を変えて重ねる活動にも発展させ，即興的なボイスアンサンブルをつくります。

活動内容

(1) 知っている早口ことばを紹介する（5分）

T　みんなは，早口ことばって知っているかな？　紹介してください。
C　「なまむぎ　なまごめ　なまたまご」を，お兄さんに教えてもらいました。

(2) 早口ことばを，教師の打つ拍や自動オルガンのリズムに合わせて唱える（15分）

T　今日の早口ことばは，リズムことばに変身します。ただ，速いだけではありません。クラベスの音に合わせて唱えてね！
C　どんな感じになるのかな？
C　口が回るかしら？
C　どのくらいの速さかな？

①4／4の拍の流れにのって，早口ことばを唱える

・2回以上くり返すようにする。
②グループごとにくり返す回数を決めて，速度を上げたり，1回目は強く2回目は弱くなど強弱の変化をつけたりして楽しむ
⑶「4／4＋3／4」の変拍子で唱える（5分）

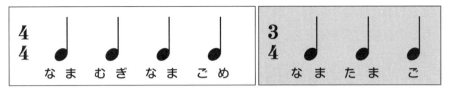

・2回以上くり返す。♩＝100から速度を上げていく。
⑷互いの声を聴き合いながら，⑵と⑶の3拍子の部分を重ねて拍子の違うリズムの重なりの面白さを楽しむ（15分）
①⑵⑶の2組に分かれ，⑵は3回，⑶3／4は4回繰り返し，重ねる
②「⑵→⑶3／4を2回 f」→「⑵を2回 p→⑶3／4を2回 f」→「⑵を3回，⑶3／4を4回，同時にくり返し，重ねる cresc.」→「全員で『なまたまご！』とそろえて1拍で表現する」など，反復や変化の仕方を話し合い，即興的なボイスアンサンブルをつくる

どんな題材に活用できる？

　「ことばでリズムアンサンブル」「リズムを選んでアンサンブル」など中学年，高学年において，リズムづくりに親しむ題材の導入として活用できます。休符を活用してリズムを変えたり，⑵と⑶を交互に唱えたりして，拍子やリズムの変化の面白さを感じ取って音楽をつくる活動も展開できます。また，変拍子の音楽を鑑賞する学習にも生かせます。

（石上　則子）

中学年 ： 音楽づくり ： 対象 3・4年

38 打楽器のサウンドからつ・く・る！

共通事項 音色，強弱，音の重なり，反復，呼びかけとこたえ
教材 なし
準備物 色々な打楽器

ねらい

○楽器の音の特徴や音色の違いを生かして，色々な音の出し方を工夫する
○互いの楽器の音を聴き合い，つなげたり重ねたりしながら音の響き合いを感じ取る

　打楽器を使って音の出し方を工夫し，色々な音色に気づくようにします。低学年では色々な音の出し方を試しながら基本的な奏法を身につけましたが，中学年では1つの楽器から様々な音色が生み出せることに気づき，それらの音色のよさを聴き取れるようになることが大切です。友達と合わせて表現しましょう。

活動内容

(1) 1人1つの打楽器を持ち，どんな音が出せるかを試す。見つけた音を紹介する（10分）

例　トライアングル…トレモロのような音，楽器を握って響きを押さえた音
　　タンブリン　　…皮を強く叩く，細かく叩く，振る
　　ギロ　　　　　…一音を長く伸ばす，何度もこする，叩く
　　カウベル　　　…マレットによって音色を変える，マレットの柄で叩く

(2) 互いの音を聴きながら教師が示した音の出し方で音回しをする（各5分）
①できるだけ短い音を，すばやくつなぐ
②できるだけ長い音を，よく聴いてつなぐ

③自分が一番好きな音を好きなタイミングでつなぐ
・拍にとらわれずにつなぎ，様々な音が醸し出す響きを味わうようにする。

(3)色々な音を重ねて，打楽器の音の重なりを感じ取る（各10分）
①2人組で，呼びかけとこたえのように音で会話をしたり重ねたりする

②教師の指示で一緒に音を出したり，段々増やしたり減らしたりする
例　C1（カスタネット）C2（すず）C3（タンブリン）C4（トライアングル）

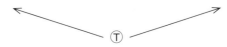

C1とC4が，それぞれの音の出し方で演奏し，やめの合図でとめる

・順に加わって音を重ねたり順にとめて音を減らしたりなど，色々な重ね方を試す。また，強い音や弱い音（強弱）も取り入れると，表現の幅が広がってくる。慣れたら，子供が教師役を行うとよい。

どんな題材に活用できる？

　「まほうの音をつくろう」「いろいろな音のひびきを感じ取ろう」「打楽器の音楽」などの題材で，打楽器を使った音楽づくりに活用できます。音色の響きをつなげたり重ねたりすれば，拍節的でない音楽に，リズムをつくって組み合わせれば，打楽器のリズムアンサンブルをつくることができます。

（米倉　幸子）

中学年　：　音楽づくり　：　対象 3・4年

39 図形も楽譜だ音楽だ！

共通事項 音色，強弱，音の重なり，呼びかけとこたえ
教材 なし
準備物 図形楽譜，タンブリン，トライアングル，カスタネット，ウッドブロックなど

ねらい

○図形楽譜を見ながら，その図形からイメージした音の出し方を工夫する
○自分の出した音を，図形楽譜に描く過程で思考力を育てる

　ここでは，図形を楽譜に見立てて，音にしていく音楽あそびを行います。この「置換」という作業は，今，求められている「思考力・判断力・表現力等」に関わる大切な活動です。また，五線譜やリズム譜だけでなく，図形も楽譜になることを学び，楽譜の意味を考える学習にもつながります。

活動内容

(1)教師が提示した図形楽譜を見て，それぞれ自分の持っている楽器で表現する（各5分）

①各自試した後，1人ずつ音を出してみる。同じ楽譜でも，楽器によって，または演奏する人によって音楽が変わることに気づく
②数枚の図形楽譜から1枚を選んで演奏する。聴いている人は，どの楽譜を演奏したかを当てる
(2)教師，または代表の子供が，楽器で演奏した音を図に表す（各10分）
①拍節的でないリズムを考え，その音を図に表す

例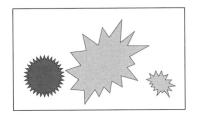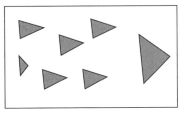

タンブリンで中心を打つ mf
f でパンと打ちトレモロ
p でポンと打ち，段々消える
ように打つ

グロッケンで色々な高さの
音を mp で速めに打つ
間を開けて，強く1音を打ち，
消えるまで動かない

② 友達が描いた図形楽譜を見て，演奏してみる

例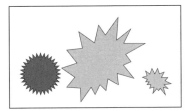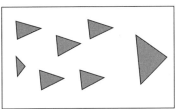

小太鼓で打つ mp で一音打つ
f で1音打ちトレモロ
p で1音打って鼓面をこする

木琴で色々な高さの音を mp で
打つ
間を開けて，f のトレモロから
段々弱くして消える

・B5判画用紙の上を高めの音，下を低めの音，大きく描くと強く，小さく描くと弱く，同じ形は同じ音の出し方，など音楽を形づくっている要素と関わるように，描き方や演奏の仕方のルールを決めておくとよい。

どんな題材に活用できる？

「まほうの音楽をつくろう」「打楽器の音楽」などの題材で，音楽づくりを中心にする活動の導入として活用できます。また，「いろいろな音のひびきを感じ取ろう」「せんりつのとくちょうを感じ取ろう」などの題材でも，音の感じや旋律の動きを図に表すことで，それらの特徴を視覚的にとらえることができます。

（飯島　千夏）

中学年　　　音楽づくり　　　対象　3・4年

40　音の出合いで重なる響き!?

共通事項　音色，音の重なり
教材　なし
準備物　トーンチャイム，サウンドブロック，鍵盤ハーモニカ，リコーダー

ねらい

○様々な音の重なりを聴いてそれぞれの響き合いのよさや面白さを感じ取る
○2音～4音の重なり合う響きの違いを感じ取り，気づいたことや感じたことをことばで伝える

　3，4年生になると，子供は自分の音だけでなく，友達の出す音にも気が回るようになり，低学年以上に周りの音と自分の音との関わりに気づくようになります。こうした時期に，音が重なり響き合うよさや面白さを感じ取っておくことが，高学年の学習を充実させることにつながります。
　ここでは，ぶつかり合う響きや溶け合う響きなど，色々な音の重なりを感じ取ります。

活動内容

(1) 12人各自がド～シの派生音を含んだ12音から1音決め，円になり，そのうちの1人が円の内側を歩きながら8回音を鳴らす（10分）

ア）8回目にとまり，その場所にいる人と向き合う
イ）「歩く人→向き合った人→2人同時」という順番で音を鳴らす
ウ）聴いている人は，重なった響きを聴いて，どんな感じがしたかを伝え合う

・12人が1人1音の楽器（トーンチャイムなど）を持つとよいが，そうした楽器がない場合は，鍵盤ハーモニカなどで1音を決めるようにする。

- 12人以外の子供は，円の周りに立って音の重なり合いを聴き，どんな感じの響きになったか，ことばで伝え合うようにする。
- 次回に行う時は，役割を交代する。

(2) 円の内側を歩く人は，回数を決めず自由に歩いて好きなところでとまり，とまったところで(1)と同様に音の重なりに耳を傾け，どんな響きかを感じ取る（10分）

(3) 円の内側を歩く人を2人にして，(2)と同様に，音の重なり合う響きを感じ取る（10分）

- 「A歩く人→Aと向き合った人→2人同時→B歩く人→Bと向き合った人→2人同時→4人同時」など，演奏の順番を工夫し，3音・4音の重なる響きを感じ取るようにするとよい。

C1　2音ずつだときれいなのに，4音だと濁った感じになるね？
C2　でも，さっきのドミソシは，きれいなようで，不思議な感じがしたよ！

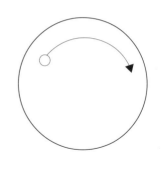

どんな題材に活用できる？

　「いろいろな音のひびきをかんじとろう」における「まほうの音楽」をつくるような，音の特徴や音の重なりによる音楽づくりの学習に活用できます。また，「せんりつの重なりを感じ取ろう」で，3度や6度の響きなどを感じ取りながら合唱したり，旋律に伴奏をつけたりする学習にも応用できます。
　もちろん，高学年での和音の音で旋律をつくる学習にもつなげることができます。

（飯島　千夏）

41 短歌でつくって歌おう！

中学年 ： 音楽づくり ： 対象 3・4年

- **共通事項** 旋律，音階，フレーズ，呼びかけとこたえ
- **教材** 百人一首
- **準備物** オルフ木琴（ラ・ド・レのみ）またはリコーダーやオルガン

ねらい

○ラ・ド・レの3つの音でできる日本の旋律のよさを感じ取る
○ことばのリズムや抑揚を生かした旋律づくりに親しむ

　おはやしで用いられるラ・ド・レの3つの音を使って，旋律づくりを楽しみます。国語科においても短歌を学習する時期であり，日本の言語文化とのコラボレーションです。日本語の抑揚と日本の音階は自然なつながりをもち，容易に旋律づくりに取り組むことができます。

　また，上の句と下の句に分かれて旋律づくりをし，旋律の対話を楽しむこともできます。

基本のリズム

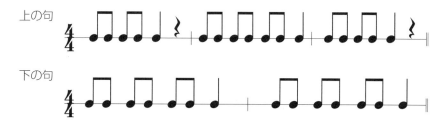

活動内容

(1) 百人一首の中から好きな句を選び，ラ・ド・レを用いてオルフ木琴などで旋律づくりをする（10分）

C 　　あまのはら　ふりさけみれば　かすがなる
　　　（♪ラドレドド　ドレレレレレド　ラララララ）
　　　　　みかさのやまに　いでしつきかも（阿倍仲麻呂）
　　　（♪ラドドドドドド　レドドドレドレ）

・歌いながらつくると，ことばの抑揚にあった音の高低になる。
・まとまりのある音楽にするために，終わりの音をラかレにするとよい。

(2) **友達と上の句と下の句をつなげて旋律づくりをする（15分）**
C1　　あまのはら　ふりさけみれば　かすがなる
　　　（♪レドラドレ　ラドレドラララ　ドラドララ）
C2　　みかさのやまに　いでしつきかも
　　　（♪ラドドドドレド　レドラララドララ）

・上の句の最後の音と下の句の始めの音を同じにすると，つながった感じになる。
・ミソラドレの五音に増やしてつくることもできる。

どんな題材に活用できる？

　「日本の音楽に親しもう」「ミソラドレの音でせんりつをつくろう」「日本の音階で旋律をつくろう」など，日本の音階に親しむ題材に活用できます。
　本あそびは，ことばの抑揚を意識することによって，自然な音の流れで旋律づくりを行うことができます。
　使用する楽器については，リコーダーで行うことができますが，短歌を味わい，日本の旋律のよさを感じ取るには，歌いながら，しかも，容易に旋律づくりができるオルフのボックス型の木琴やオルガンなどを活用するとより効果的です。

　　　　　　　　　　　　　　　　　　　　　　　　　　　（小川　公子）

中学年　音楽づくり

中学年　：　鑑賞　：　対象　3・4年

42 踊って聴こう！

- **共通事項** 拍，反復，呼びかけとこたえ
- **教材** かじやのポルカ（J．シュトラウス作曲），メヌエット（ヘンデル作曲）など
- **準備物** 鑑賞CD，拍子のカード，指揮のカード

ねらい

○音楽に合わせて体を動かしながら，拍子の違いを感じ取って聴く

　音楽に合わせて体を動かすことは，色々な拍子の違いを感じ取るためには大切な活動です。踊りの音楽を聴きながら自然に動けるようにしましょう。動き方や振りつけに偏らないように気をつけて，拍子がわかる簡単な動き方を工夫するようにします。

活動内容

(1)手拍子などをしながら聴く（10分）

[2拍子の譜例：手・膝]

「かじやのポルカ」（J．シュトラウス，約3分）

・鍛冶屋が叩く音に注目し，拍子と合わせて聴き取ってもよい。

[3拍子の譜例：手・膝]

「メヌエット」（ヘンデル，約2分）

- 優雅な3拍子の感じをつかむようにする。

⑵ **指揮をしながら聴く（10分）**
　3拍子 「メヌエット」（ベートーヴェン作曲，約2分）
　4拍子 「ガヴォット」（ラモー作曲，約3分）
- 「メヌエット」は弱起で始まり，「ガヴォット」は3拍目から始まるので，タイミングが取りやすい。

⑶ **ステップを踏みながら聴く（各5分）**
① 「ティニックリング」（フィリピン民謡，約3分）を聴きながら踊る
- 3拍子の足を使った踊りなので，縄跳びの綱を使ったり，床にテープを貼ったり工夫をするとよい。

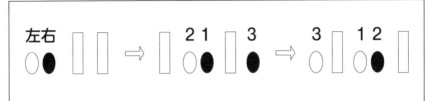

② 「マイム・マイム」（イスラエル民謡，約3分）を聴きながら踊る
- フォークダンスの代表的な曲である。教室では振りつけの一部を行うなど無理なくできるようにする。

どんな題材に活用できる？

　「ひょうしとせんりつ」「拍を感じてリズムにのろう」「はくのまとまりをかんじとろう」「ひょうしをかんじてリズムをうとう」など，拍を感じ取り，拍子の違いに気づく題材で活用できます。また，歌唱や器楽などの様々な曲の拍子を感じ取らせたい場合にも有効です。
　諸外国の民族の音楽には踊りを伴うものも多いので，関連する題材に取り入れることもできます。

（米倉　幸子）

中学年 ： 鑑賞 ： 対象 3・4年

43 くりかえしの面白さを感じて聴こう！

共通事項 音色，リズム，旋律，反復，変化
教材 クラリネット・ポルカ（ポーランド民謡）
準備物 クラリネットの演奏写真またはクラリネットを紹介する映像，リズムカード

ねらい

○旋律が反復し変化するよさや面白さを感じ取りながら曲を聴く

　多くの音楽は，旋律の反復と変化によって構成されています。同じ旋律がくり返されることで，その曲に親しみやすくなり，安心感が生まれます。ここでは，主な旋律の間に違う旋律がはさまるロンド形式（A-B-A-C-A…）の音楽を聴きます。手拍子や体の動きを通して旋律の反復と変化を聴き取り，そのよさや面白さを感じ取るようにします。

活動内容

(1)「クラリネット・ポルカ」（約2分）の主な旋律を聴き，クラリネットの音色の特徴や旋律の反復を感じ取る（15分）

・クラリネットの演奏写真を見て，または，クラリネットを紹介する映像を視聴して，リードをつけて演奏する楽器の仕組みを知る。
・「クラリネット・ポルカ」の主な旋律（前奏の後の始めの部分）を聴き，クラリネットの音色を感じ取る。
・主な旋律をラララ…で歌う。
・主な旋律が聴こえたら立つ，違う旋律になったら座るという活動を行い，主な旋律の反復に気づく。立つ・座るが上手にできるようになったら，主な旋律が演奏されている時は歩く，他の旋律に変わったらその場にしゃがむという活動に発展させてもよい。

(2)手拍子を打ちながら「クラリネット・ポルカ」を聴き，主な旋律の反復，間に入る旋律の変化を感じ取る（各5分）

①ポルカのリズム（リズムカード）を手拍子で打つ
②主な旋律に合わせてポルカのリズムを手拍子で打つ

リズムカード
（縦10×横40cm）

・音楽が聴こえなくならないように，指先で軽く打つようにするとよい。

③主な旋律の部分ではポルカのリズムを打ちながら歩く，違う旋律になったら近くの友達と2人組でアルプス一万尺のような手合わせをする

・声を出さずに音楽を聴いて動く。旋律の変わり目でタイミングよく友達と手合わせを始められるように相手を見ることで，旋律のまとまりを感じ取るようになる。

④「クラリネット・ポルカ」の特徴や面白さについて意見交換したり，ワークシートにまとめたりする

【子供が親しみやすい，くりかえしの音楽の例】
　エリーゼのために（ベートーヴェン作曲），トルコ行進曲（ベートーヴェン作曲）・（モーツァルト作曲），ノルウェー舞曲　第2番（グリーグ作曲），ハンガリー舞曲　第5番（ブラームス作曲），ユーモレスク（ドヴォルザーク作曲），ラデツキー行進曲（ヨハン・シュトラウス1世作曲）

どんな題材に活用できる？

　(1)は楽器の音色に親しむ題材「いろいろな音のひびきを感じ取ろう」と関連づけることができます。「バディネリ」（バッハ作曲）などフルートの音楽と比較して聴き，木管楽器の音色に親しむことも考えられます。
　(2)は題材「拍を感じてリズムにのろう」に活用できます。
　四分音符，八分音符（四分休符，八分休符）によるリズムを打ったり，8拍のリズムを即興的につくったりする活動と関連させてもよいでしょう。ポルカのリズムを2回全員で打ち，一人一人がつくった8拍のリズムを打つリズムロンド（全－A－全－B－全…）の創作に発展できます。

（石井ゆきこ）

中学年　　　鑑賞　　　対象 3・4年

44　金管楽器のおと・オト・音！

- **共通事項**　音色，反復，呼びかけとこたえ
- **教材**　どれが歌によい日（アーン作曲），アラ・ホーンパイプ「水上の音楽」より（ヘンデル作曲）
- **準備物**　クイズ用フリップ，楽器写真，演奏写真，楽器解説の映像資料（教科書準拠DVD）

ねらい

○金管楽器の音色の特徴を聴き取り，そのよさや違いに気づきながら，曲想との関わりを感じ取って聴く

活動内容

(1)金管楽器の名前を知り，興味・関心をもつ（各5分）

①「どれが歌によい日」の冒頭部分を聴き，「演奏している楽器はどれでしょう」（または「演奏している人はどの人でしょう」）クイズをする

演奏している楽器はどれでしょうクイズ　　演奏している人はどの人でしょうクイズ

②冒頭部分がトランペットで演奏されていることを知り，再度聴いてトランペットの音色について，感じ取ったことを発表する

例　高い音　明るい音　はっきりした音

③曲の続きには，トランペット以外の金管楽器が登場することを告げ，「どれが歌によい日」（約2.5分）を全曲聴く

・トランペット，ホルン，トロンボーン，チューバの写真や，演奏している

写真を見て，４種類の金管楽器で演奏していることを知る。
・楽器のみの写真は大きさがわからないので，楽器のみの拡大写真と実際に演奏している写真の両方を見せたい。

(2)金管楽器の音色の特徴を聴き取り，そのよさや違いに気づく（各5分）
①金管楽器の音の出る仕組みを知る
・実物を見たり，実物がない場合は教科書準拠の資料ＤＶＤなどを視聴したりするとよい。
②金管楽器の音色に気をつけながら「どれが歌によい日」を聴く
・１回目はソロの楽器名を告げずに聴く。２回目は映像を視聴しながら聴く。
③トランペット，ホルン，トロンボーン，チューバの音色の特徴について，グループで意見交換をしたり，発表したりする

(3)トランペットとホルンの音色の特徴を感じ取り，曲想との関わりを感じ取って聴く（各5分）
①トランペットとホルンの掛け合いや音色に気をつけながら，「アラ・ホーンパイプ」のＡ部（約3.5分）を聴く
・かけ合い部分では，「トランペットはパー」「ホルンはグー」などのルールを決め，ハンドサインを出しながら聴く。
②トランペット，ホルンの音色の特徴を発表する
・トランペットが聴こえたら「パー」，ホルンの音が聴こえたら「グー」を出すようにする。

(4)それぞれの音色と曲想との関わりを感じ取って曲全体を聴く

どんな題材に活用できる？

　「金管楽器の音色に親しもう」「金管楽器のひびき」などに活用します。金管楽器の音色の違いに着目する鑑賞では，音源選択が重要なポイントとなります。例えば，「トランペット吹きの休日」と「トランペット吹きの子守歌」では，同じトランペットでも曲調や演奏の仕方により受ける印象が大きく変わってきます。音源をあらかじめ十分に吟味したいものです。　　（千秋　香）

中学年　：　鑑賞　：　対象 3・4 年

45 どんなメロディー？

- **共通事項**　音色，速度，旋律，強弱，反復，変化
- **教材**　山の魔王の宮殿にて（グリーグ作曲）
- **準備物**　ワークシート

ねらい

○主な旋律の反復や変化，それを演奏する楽器の響きを聴き取り，それらの関わり合いを感じ取って聴く
○音楽全体の曲想を味わって聴く

　主な旋律が印象深い曲を聴き，それを演奏している楽器の響き，主な旋律がくり返されながら，他の楽器に引き継がれたり音が重なったりしてダイナミックに変化していく曲の特徴を味わいます。

活動内容

(1)曲名を伏せ，全体を聴いて曲想をつかむ（各10分）
①通して聴き，音楽全体の曲想をつかんで，隣の友達と印象を述べ合う
　C1　ドキドキする感じの曲だね！
　C2　主な旋律が低い音から，弱く始まって，段々強く速くなるからかな？
②音楽に合わせて歩き，どんな感じがしたかについて話し合う
　ア）2拍分で1歩進むようにし，体をかがめた状態から，強弱の変化に応じて，腰を伸ばし大きく歩いたりかがんだりする
　イ）速度の変化に応じて，ステップを速く踏み，アクセントで腕を大きく伸ばす
　ウ）終わりのポーズを各自で決め，音楽が終わったら心の中で「1，2，3」と数えて座るようにする

＜始め＞		＜終わり＞
ゆっくり腰をかがめて歩く 2拍＝1歩	強弱の変化に合わせて， 腰を伸ばし大きく動く	終わりのポーズ

・動く時は，教室の机を脇に寄せるなどして，スペースをつくる。

(2) 「山の魔王の宮殿にて」であることを知り，主な旋律の反復と変化に着目しながら，曲全体を味わって聴く（10分）

・じっくり聴き，友達と気づいたり，感じたりしたことを交流しながら，ワークシートにキーワード（強弱など）を使い，音楽全体の感じをまとめる。

```
1  主な旋律はどっちの感じ？
   A: 〜〜〜    B: ／／／

2  選んだわけは？

3  どんな感じの音楽？（楽器，旋律，強弱）
```
ワークシート

C1　主な旋律の楽器が，指で弾く音に変わってきて，どんどん強く速くなっていくから，追いかけられているような感じだね！　怖い感じが伝わるね！

C2　主な旋律が何回もくり返されているのに，違う楽器で演奏したり，他の楽器も重なったりしてドンと強いところが最後にあって，ハラハラする感じだった！

どんな題材に活用できる？

「せんりつの特徴を感じ取ろう」「せんりつと音色」などの題材に活用できます。また，旋律が色々な楽器に移り変わっていくことから，合奏で，主な旋律を演奏している楽器に注目する活動にも生かすことができます。

（石上　則子）

中学年　　　鑑賞　　　対象 3・4年

46 日本の民謡を聴き比べよう！

共通事項 音色，速度，旋律，拍
教材 八木節，大漁節，会津磐梯山など
準備物 鑑賞CD，鑑賞DVD

ねらい

○日本の音楽の雰囲気や特徴を感じ取りながら，我が国や郷土に伝わる音楽に親しむ

　色々な民謡を聴いて，それぞれの特徴やよさを感じ取ります。比べて聴くことは，特徴だけでなく，よさや違いに気づくことができ，さらに，くり返し聴くことで，聴き深めることができます。そのためには，短い時間で何度も聴く機会をつくりましょう。示されている鑑賞曲は例です。1回に1～2曲程度，同じ特徴の曲，違う特徴の比較など，ポイントを決めて選曲するようにします。

活動内容

(1) **歌い方の違いに気をつけて聴く（7分）**

ア）栃木県「八木節」（約3分）
・歌い手は1人で歌っている。
イ）千葉県「大漁節」（約3分）
・1人が歌い出し，それに続いて大勢が歌い継ぐ形式で歌っている（音頭一同形式）。

(2) **拍節のある民謡と拍節のない民謡を聴き比べる（7分）**

ア）拍節のある民謡　福島県「会津磐梯山」（約3分）
・伴奏のリズムにのって歌われる調子のよい歌い方と，合いの手との掛け合

いの面白さに気づくようにする。

イ）拍節のない民謡　宮崎県「刈干切唄」（約3分）
・ゆったりした自由な歌い方やこぶしの味わいを聴くようにする。

(3) 特徴のある楽器の音色に気づいて聴く（7分）

ア）富山県「こきりこ節」（約3分）："こきりこ" "ささら" などの独特な音
・こきりこやささらなど，特徴的な楽器は，写真や映像で確認するとよい。実物を用意できれば，実体験ができ，より望ましい。

イ）東京都「神田囃子」（約3分）：笛，太鼓，鉦の絡み合い
・ＤＶＤなどの映像で演奏の様子が見られるとよい。
・「神田囃子」は，各地に伝わり，それぞれの地域に合ったお囃子になって受け継がれているので，自分の地域のお囃子を聴いてみることも大切である。

どんな題材に活用できる？

　「日本の音楽に親しもう」「日本の民謡に親しもう」などの題材に生かすことができます。「日本のリズム世界のリズム」などの題材で鑑賞だけではなく，歌ったり楽器で演奏したり，日本の旋律を使って旋律づくりやお囃子づくりなど，表現と関連づけて設定することもできます。

　本あそびでは，比較することで，よさや面白さを味わう活動を紹介しています。したがって，アジアや世界の民謡と聴き比べる学習にも応用することができます。

　民謡には，仕事歌だけでなく，踊り歌や祝い歌など，色々な種類の歌があります。それらを知ることは，地域の文化・芸能と関連づける学びになります。気に入った民謡で歌合戦などを計画すると，実感を伴った学習になります。

（米倉　幸子）

高学年　　　歌唱　　　対象 5・6年

47 和音を歌って楽しもう！

共通事項	旋律，音の重なり，和音の響き
教材	なし
準備物	Ⅰ（ドミソ），Ⅳ（ドファラ），Ⅴ（シレソ），Ⅴ7（シレファソ）の和音カード

ねらい

○Ⅰ，Ⅳ，Ⅴ，Ⅴ7の和音の響きを聴き取り，そのよさを感じ取って歌ったり，旋律と重ねて響きを楽しんだりする

　和音の響きの違いを感じ取るには，和音の流れの中で理解することが大切です。また，旋律と合わせた時の響きや調和などを感じ取るとともに，和音を歌声で表現し，体感したいものです。

活動内容

(1) Ⅰ，Ⅳ，Ⅴ，Ⅴ7の和音が色々な音楽で使われていることを知る（10分）
・「ドラえもん」「サザエさん」「アンパンマン」など子供がよく知っているアニメの曲を教師が主要三和音を使って演奏し，和音によって曲が支えられていることを知る。

(2) Ⅰ，Ⅳ，Ⅴの和音の"成り立ちの歌"をそれぞれ歌う（各5分）

"成り立ちの歌"	Ⅰ	ドレミ・｜ミファソ・｜ドーミー｜ソー
	Ⅳ	ドレミファ｜ファソラ・｜ドーファー｜ラー
	Ⅴ	シドレ・｜レミファソ｜シーレー｜ソー

・音を聴き分けたり弾き分けたりする時は，Ⅴ7の学習も含む。
①教師が出した「和音カード」を見て，"成り立ちの歌"を歌う
②最後のフレーズは，3人で1音ずつ担当して音を重ねる

C3　　　　　♪ソーーーーー
C2　　　　♪ミーーーーーー
C1　♪ドーーーーーーーー

(3) Ⅰ，Ⅳ，Ⅴの和音の"カノンの歌"をそれぞれ歌う（各5分）

"カノンの歌"	Ⅰ	ドーミー｜ソーミー｜ドミソミドー‖
	Ⅳ	ドーファー｜ラーファー｜ドファラファドー‖
	Ⅴ	シーレー｜ソーレー｜シレソレシー‖

① Ⅰを3人で，2拍遅れのカノンで歌う
C3　　　　　♪ドーミー｜ソーミー｜ドミソミドー‖
C2　　　　♪ドーミー｜ソーミー｜ドミソミドー‖
C1　♪ドーミー｜ソーミー｜ドミソミドー‖

② Ⅳ，Ⅴも同様に行う

(4)「和音カード」を見ながら和音を歌い，教師の弾く旋律との調和を感じ取る（各5分）

① Ⅰの時はドミソミドー，Ⅳはドファラファドー，Ⅴはシレソレシーを歌う
② 教師の弾く旋律と低音に合わせて子供は和音（①で示した分散和音）を歌い，旋律と和音の調和を感じ取る
・黒板に和音の順番を書き（例：Ⅰ－Ⅰ－Ⅳ－Ⅳ　Ⅴ－Ⅴ－Ⅰ－Ⅴ），その下に「和音カード」を貼る。

どんな題材に活用できる？

　「和音の響き」「和音の美しさを味わおう」など和音の響きを学ぶ題材はもちろん，和音を基にした「旋律づくり」「伴奏づくり」などにも生かすことができます。和音の学習は楽器でもわかりやすく学べます。ここでは何度もくり返し唱えながら歌うことで，和音の感覚を身につけます。また，多くの曲が主要三和音を骨組みとしてできていることを実際に歌って確かめることで，学んだことを実感でき，学びの価値が生まれてきます。

（後藤　朋子）

48 わらべうたで5度，3度，○○度！

- **共通事項** 音の重なり，和音の響き，音階
- **教材** おてぶしてぶし（わらべうた）
- **準備物** ピアノ，オルガンなどの鍵盤楽器

ねらい

○わらべうたで歌う気持ちを盛り上げ，色々な高さで歌う
○パートごとに開始音の高さを変えて重ねて歌い，音の重なりや和音の響きを感じ取る

　高学年になると合唱曲のレパートリーも広がっていきます。しかし，音楽会などで歌いたいと思う素敵な曲と出合っても，その曲に必要とする知識や技能を日頃から身につけるようにしておかないと，その曲に向かう時間は，教師にとっても子供にとっても苦痛な時間になりかねません。そのためにも日常的な音楽あそびを通して，歌に対しての様々な引き出しを子供自身がもてるようにしていきたいものです。

活動内容

(1)「おてぶしてぶし」で気分を盛り上げたり，色々な高さで歌ったり重ねたりする（各3分）

> ♪おてぶしてぶし　てぶしのなかに　へびのなまやけ　かえるのさしみ
> 　いちょばこやるから　まるめておくれ　いーや

「おてぶしてぶし」（わらべうた）

①旋律を覚え，拍を手やひざで打ったり友達と手合わせしたりしながら歌う
②慣れてきたら，拍打ちに合わせて色々な高さで歌ったり，2組に分け，開

始音を変えて重ねて歌ったりする
・「おてぶしてぶし」は雰囲気を変えたい時や気分を盛り上げたい時などに活用できる。
・段階を踏んで進めると難易度が上がり，子供が集中して組り組める。ミとシなど，5度違いの開始音で歌うと5度の響きを感じ取れるようになる。

(2) 「おてぶしてぶし」でもの隠しゲーム（①〜④）を行いながら，和音の響きを感じ取る（10分）

① 教師はみんなの前で手と手を合わせ，その手の中に消しゴムなどの小さなものを入れて見えないようにする

② 子供が歌う「おてぶしてぶし」に合わせてその手を左右に振り，最後，「いーや」の時に消しゴムを右手か左手に入れて，それぞれグーにしてどちらに消しゴムが入ったかわからないように隠す

③ 子供は，その消しゴムがどちらの手に入ったかを当てる

④ 「大当たり！」と，正解を伝える

・どちらの手に入れるかを少しじらして伸ばすと，「いーや」の「いー」の部分を長く伸ばすことになる。高さを重ねて歌うことにより，その部分で和音の響きが感じられる。
・正解の是非に関わりなく喜んだり悔しがったりする子供を褒めたい。そうした感情は一生懸命物事に取り組んだからこそ生まれてくる。そこで発せられる子供のことばを見逃さず，そのよさを認めていきたい。

どんな題材に活用できる？

　「音の重なりと響き」「アンサンブルの魅力」「和音の美しさを感じよう」などの題材で，周りと音を合わせる活動の導入として活用できます。身につけたい内容を何度もくり返し行うには，楽しく活動することが大切です。本あそびの発展として，開始音を4度や3度の開き，さらには2度の違いにしたり，もの隠しゲームの答える人を個人にしたりなど，活動の内容を広げると緊張感が高まり，何度でも新鮮に行うことができます。

（岩井　智宏）

高学年 　：　 歌唱 　：　 対象 5・6年

49 体をほぐしていっぱいハモろう！

- **共通事項** 旋律，音の重なり，和音の響き，音階，変化，音楽の縦と横との関係
- **教材** まるくなれ（わらべうた）
- **準備物** ピアノ，オルガンなどの鍵盤楽器

ねらい

○体をほぐして心を開放し，声の出し方に気をつけて歌う
○友達の声を聴きながら，声の響き合いや和音の響きを感じ取って歌う

　合唱において，和音の響きを感じ取ることはとても大切で，その耳を養うことが必要です。また，美しいハーモニーをつくるためには，歌い方も重要です。しかし，喉声で話をする日本人にとっては，普通に歌ってしまうと，ハーモニーを感じるのがなかなか難しいことのように感じます。音楽あそびを通して，和音の響きを感じ取ることに慣れ，合唱曲を歌う時にその力を子供自身が生かし，活用できるようにしたいものです。

活動内容

(1) **レ，ミ，ソ，ラ，ド，レ̄，ミ̄〜など，開始音を変えて「まるくなれ」を色々な高さで歌えるようにする（5分）**
全　♪まあるくなーれ　まあるくなーれ　1　2の3
・全員で1つの高さを決めてから歌い始め，円をつくる。この時，少し高い音を設定して発声にもつなげる。
・円ができるまで，歌い続けるようにする。
・円になった後に中心を向いて合唱曲を歌う活動にもつなげる。

(2) **それぞれの音の高さでの声の出し方に気をつけて重ねて歌う（5分）**
T　じゃあ，グループごとに違う高さで歌いながら，円をつくれる？

C　できる！　できる！
T　じゃあ5度でハモりながら！　どうぞ！
- レから歌うグループとソから歌うグループに分かれて，教師の合図で同時に歌いながら，円をつくる。
- 1回目は途中から歌声が弱まるが，動きながら5度の和音の響きを感じて何度もくり返し歌うことの難しさを伝え，歌う意欲を失わないようにする。これを続けて活動すると，円ができるまで，5度などの和音が響きながら歌い続けることができるようになる。5年時より続けるとよい。

(3) **違う高さでカノンにして歌う（5分）**
T　今日は，ずらしてカノン（追いかけっこ）で歌うよ。高さももちろん違うよ！　いい？

開始音レ　♪まあるくなーれ　まあるくなーれ　1　2の3
開始音ソ　♪　　　　　　　まあるくなーれ　まあるくなーれ　～

- ずらし方を変えたり，3度の違い（例：ミとソなど）にしたり，4度・2度など，色々な和音の響きになるようにして変化させるとよい。
- 開始音をオルガンやトーンチャイムなどで示すと始めやすい。

どんな題材に活用できる？

　「豊かな歌声ひびかせよう」「和音の美しさを味わおう」「音の重なりと響き」などの題材で，声の出し方を工夫したり，声を合わせて和音の響きを感じ取ったりする活動の導入として活用できます。体を動かしながら歌うことで，どのグループがどの高さで歌っているのかを可視化でき，互いの響きを共有しやすくなります。

　また，友達と触れ合い，グループで協力し合って円をつくるので，「心をこめて表現しよう」などの題材にもつなげていけます。自分にとって歌うことの意味は何かを実感しながら学習したいものです。

（岩井　智宏）

高学年　：　歌唱　：　対象　5・6年

50 四季の歌を指揮して歌おう！

共通事項　リズム，速度，旋律，強弱，拍，フレーズ，反復，呼びかけとこたえ，変化
教材　共通教材，ここでは「こいのぼり」の例を示す
準備物　指揮の形をかいた掲示物，ピアノ，オルガンなどの鍵盤楽器

ねらい

○日本の四季を歌った歌を歌い継ぎ，日本の歌のよさや美しさを感じ取る
○旋律や速度，強弱などを聴き取り，それらと曲想との関わりを感じ取りながらどのように歌うかを工夫し，指揮やことばを通して友達に伝える

　いわゆる共通教材には，日本の美しい四季折々を歌った歌が多くあります。ここでは，それらの歌を歌い継ぐという意味でも，日頃からそれらのよさや美しさを味わいながら，どのように歌いたいかを友達に伝え，自分の指揮で歌い合わせるあそびを展開します。
　低学年から高学年まで24曲示されている共通教材から選曲し，曲の特徴を自分たちなりにとらえ，指揮と学級の仲間の歌声で表現していきます。

活動内容

(1)指揮の仕方を確認し，範唱に合わせて指揮をする（10分）

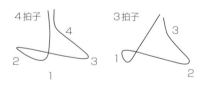

①「こいのぼり」にはどちらの指揮が合うか，範唱を聴きながら，グループごとに確かめる
　C　この曲は，1，2，3，4っと4拍子だね！

C　それに，元気がいい感じだね！
②「こいのぼり」の範唱を聴きながら，自分たちなりの指揮を試す

(2) 歌詞の意味を理解し，全員で歌い合わせる（15分）

①グループごとに１〜３番を分担し，教科書を見ながら歌詞の意味をとらえる

②わからないところを質問し，交流し合いながら理解を深める

③歌詞の表す情景を想像しながら，全員で３番まで歌う

・教師は，子供たちの交流の状況によって，修正したり助言したりし，最後に全体を振り返ってまとめをするとよい。

(3) グループごとに曲の特徴をとらえ，どのように歌うかについて友達に伝え，指揮と歌声で歌い合わせる（15分）

①旋律のリズムや音の動きに着目し，速度や強弱のつけ方や歌い方を考える

②グループの代表者が，歌い方を説明して指揮をし，他のグループが全員で歌う

C　この曲はタッカのリズムが多いので，五月晴れのように晴れ晴れとした感じで歌ってください。３段目は他の段よりタッカが少なく，旋律の動きも平らなので，ゆったりとして鯉のぼりが大空を楽しんでいるみたいに歌ってほしいです。

③指揮グループの他の子供は，歌い終わった後，歌い方や指揮について気づいたことや感じたことを伝える

・歌った側からの意見も聞き，毎回指揮グループを交代する。

どんな題材に活用できる？

　「豊かな表現を求めて」「音楽に思いをこめて」「豊かな歌声をひびかせよう」「曲想を味わおう」「詩と音楽を味わおう」「心をこめて表現しよう」など，様々な題材で活用できます。歌詞の内容や語感などと音楽を形づくっている要素との関わりだけでなく，その歌に込められた思いにも触れられると，子供自身がその曲を歌う意味を見いだしていけます。

（石上　則子）

高学年　　　　　歌唱　　　　　対象 5・6年

51 和音の美しさを味わおう！

共通事項 音の重なり，和音の響き，音階，調
教材 静かに眠れ(フォスター作曲)，星の世界(川路柳虹作詞，コンヴァース作曲，飯沼信義編曲)など
準備物 鍵盤ハーモニカ

ねらい

○互いの声を聴き合って歌う
○和音の移り変わりを感じながら合唱する

　三部合唱を授業で取り組むのは中々難しいことですが，和音で遊ぶ工夫をし，音の重なりを楽しむようにすると三部合唱にも近づけます。本あそびは色々な調で歌うので，「調性の違い」を感じ取ることもでき，ト長調やヘ長調の学習へも発展できます。

　本あそびは中学年からもできるので，合唱を仕上げることにとらわれず，音の重なりを感じ取り，焦らず三部合唱に発展したいものです。

活動内容

(1) **音階を歌ったり，楽器で弾いたりする（10分）**
・ドレミファソラシドを歌ったり，楽器で弾いたりして，音階について学習する。
(2) **教師が鍵盤の1音を弾き，その音からドレミファソと歌う（10分）**
・色々な音から音階をつくることができることに気づく。
(3) **教師が出した音「ド」を基準に，和音の構成音を歌う（各5分）**
①教師が出した音「ド」を基準に，ソーミーと歌う
　T　♪ドーーー（鍵盤ハーモニカで4拍伸ばす）
　C　♪ソーミー（2拍ずつ）

②ドソミが難しい場合は，ドレミファソーと歌ってからソーミーと歌う

T ♪ドーーー（鍵盤ハーモニカで4拍伸ばす）
C ♪ドレミファソー（4拍内で）
C ♪ソーミー（2拍ずつ）

③3つのグループに分け，「ド」「ミ」「ソ」の担当を決める

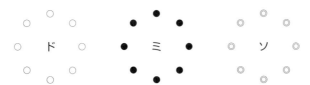

・教師の1音を聴いてドのグループが歌い，ソ→ミと声を重ねる。

T ♪ドーーー（鍵盤ハーモニカで4拍伸ばす）
ド　　　　　♪ドーーーーーーーーーー
ソ　　　　　　　　　♪ソーーーーーーーー
ミ　　　　　　　　　　　　♪ミーーーーーー
　　　　　（2拍ずつ遅れて入り，一緒にとめる）

④3〜6人の小グループになり，向かい合って声を重ねる

　　　　　○　○　○　　●　●　●　　◎　◎　◎
　　　　　　　　ド　　　　　ミ　　　　　ソ
　　　　　○　○　○　　●　●　●　　◎　◎　◎

・歌う音の担当を変える，入る順番を変える，小グループ内で和音の音を分けて歌うなど発展させる。

どんな題材に活用できる？

　「いろいろな音の響きを味わおう」の題材に活用できます。声に偏らず，楽器で楽しむこともできるのが，本あそびのよさです。声だけ，楽器だけに偏らず，Ⅰ，Ⅳ，Ⅴの基本的な和音の響きを様々な方法で体感できるように工夫しましょう。「静かに眠れ」「星の世界」などの主な旋律を歌う時に声やトーンチャイムで和音を奏でるようにすると素敵です。

（眞鍋なな子）

高学年　　　　　歌唱　　　　　対象 5・6年

52 短調を歌って楽しもう！

- **共通事項** 音階，調
- **教材** かえるのがっしょう（ドイツ民謡）など
- **準備物** ハ長調，イ短調，ハ短調を書いた五線の楽譜

ねらい

○長調と短調の響きの違いを感じ取って歌う
○短調の響きの面白さを味わう

　学習指導要領では，イ短調を扱うことになっています。ここでは，ハ短調を扱うので，学習指導要領を超えた内容ですが，これまで慣れ親しんできたハ長調を基に，臨時記号（♭）をつけることで，響きの違いが生まれることを感じ取ることをねらいとしています。

活動内容

(1) **イ短調は引越しできることを理解し，ハ長調とハ短調の違いに気づく（10分）**

- T　今から短調の「かえるのがっしょう」を弾きます。だけど，色んな高さでピョンと飛びます（色々な短調で「かえるのがっしょう」を弾く）。
- C　短調ってラシドレミファソラじゃなかったっけ？　どうしてかな？
- T　実は，短調はラから始まるだけではありません。ドレミファソラシドのどこにでも引越しができます。色々弾くので聴いてみましょう（色々な短調の音階を弾いて聴かせる）。
- C　なるほど！　どこからでも短調の音階ができるんだね。
- T　では，ドから始めてみましょう。今まで使ってきたドレミファソラシドとどこが違うかな？

C　ミとラが違うよ!?
T　そう，では先生の鍵盤を見て確かめてみよう（鍵盤ハーモニカの鍵盤を子供に見せながらハ短調の音階を弾く）。

(2) **ハ長調とハ短調の違いを感じ取って階名唱をする（10分）**
T　ハ長調は何もしないで歌いましょう。ハ短調は歌いながらミとラのところで手を叩きましょう。

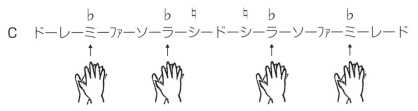

C　ドーレーミーファーソーラーシードーシーラーソーファーミーレード

・体を使った活動を取り入れることで，感覚的に音階の違いを理解することができる。
・ハ長調とハ短調という同主調（同名調）を比べて，音階の特徴を感じ取る。
・まず，体で感じ取り，"なるほど"と納得してから，記譜の仕方や読み方などを理解させたい。

(3) **簡単に階名唱ができる歌を探したり，歌ったり演奏したりする（10分）**
①「きらきら星」「喜びの歌」「グーチョキパー」「さんぽ」などをハ長調で歌う
②それらの歌をハ短調で歌い，ミとラの時に手を叩く
③子供が弾きやすい「きらきら星」「喜びの歌」などを短調に変えて，鍵盤ハーモニカで弾く

どんな題材に活用できる？

　「和音の美しさを味わおう」「曲想を味わおう」などの題材で活用できます。また，「ハンガリー舞曲　第5番」「ベートーヴェン　交響曲第5番運命」など，短調の美しさやよさを感じ取りながら鑑賞をする場面で活用できます。

（後藤　朋子）

高学年　　　器楽　　　対象 5・6年

53　16ビートにのってラップに挑戦！

共通事項　リズム，速度，旋律，和音の響き，音楽の縦と横との関係
教材　夕焼け小焼け（中村雨紅作詞，草川信作曲）
準備物　ラップバージョンの拡大紙，木琴，低音楽器，打楽器，メトロノーム

ねらい

○Ⅰ，Ⅳ，Ⅴの和音の重なりとそれ以外の和音を使うと雰囲気が違うことを聴き比べる
○16ビートに合わせてラップを口ずさみ，曲の変化を楽しむ

　Ⅰ，Ⅳ，Ⅴの和音の移り変わりを感じ取って歌うことと組み合わせて，16ビートのラップを口ずさみ，テンポの変化を楽しみます。さらに低音の工夫で和音の響きが変化し，ラップの雰囲気が生まれます。ここでは，地域の子供たちが自宅に帰るお知らせの音楽「夕焼け小焼け」とその時刻を口ずさみます。

活動内容

(1) Ⅰ，Ⅳ，Ⅴの和声の伴奏に合わせて4分の2拍子「夕焼け小焼け」を歌う（5分）
(2) メトロノームを使い，16ビートで「夕焼け小焼け」をラップで元気に歌う（10分）

・ことばをはっきりと元気よく歌うようにする。
・「かえりましょ」は手を高く振り上げるなど動きを入れるとより楽しい。

(3) 間奏を木琴，低音楽器，打楽器などで演奏する（10分）

木琴の旋律（4分の4拍子）

低音楽器

打楽器のリズム

(4) 打楽器のリズムにのせて，間奏部分を合わせる（10分）
(5) 歌とラップをつないで演奏する（5分）

どんな題材に活用できる？

　「いろいろな音のひびきを味わおう」「曲想を味わおう」などの題材で，合奏曲の拍を合わせる時に活用できます。16ビートのリズムは，速度が合わなくて全体が走ってしまう時などに，指定の速度より落として16ビートにのせて練習してから臨むと，♪も刻むので速度維持に効果があります。ラップのリズムに親しむと，16ビートにも慣れてくると思います。

(今井さとみ)

高学年 ： 器楽 ： 対象 5・6年

54 レッツゴー！スティックミュージック

- **共通事項** 音色，リズム，強弱，反復，変化
- **教材** なし
- **準備物** 様々な旋律楽器，打楽器，「今日のリズム」の掲示用カード

ねらい

○スティックの色々な演奏の仕方を試し，スティックの使い方を身につける
○拍を感じ取って，強弱の変化を工夫してリズムを演奏する

　高学年では，これまで学習してきた旋律楽器や打楽器を組み合わせて合奏の醍醐味を味わいます。その時，打楽器の音のバランスが悪く，せっかくの合奏が台無しになってしまうことがあります。
　ここでは，高学年で頻繁に使われる小太鼓のスティックの扱い方に慣れ，その演奏の方法を試したり，自動オルガンに合わせてリズム伴奏をしたりして，打楽器の多彩さと同時にその扱い方の留意点を学んでいきます。

活動内容

(1) 1人1組のスティックを持って，グループごとに床に座り，スティックで出せる音を紹介する（5分）

・「スティック同士で打ち合わせる」「床を左右交互に打つ」「床を右右・左・左2つ打ちをする」「フラ打ちをする」「友達のスティックと打ち合わせる」など，各グループ内で発表し合う。
・スティックの持ち方を確認するとよい。

- スティックが人数分ない時は，交代で行うようにし，見ている子供が，見つけた演奏の仕方や音について感じたことを伝え合うようにするとよい。
- 床が傷つきやすい時は，新聞紙をたたんで使うとよい。
ガムテープで新聞紙をとめ，十字の部分を打つようにする。

(2) **教師または代表の子供が打つ大太鼓や自動オルガンのリズムに合わせて，マーチやロックなどのリズムを小太鼓のスティックで打つ**

① 「今日のリズム」を見て，1グループ2／4拍子，4小節を2回くり返して演奏し，次のグループが同様につなげて演奏する（10分）
- 全グループがつながるように2分ほど各グループで練習してからつなげ，よく聴き合って演奏する。

今日のリズム例＜マーチ＞

② 1組目は弱く，2組目は強く，と交互に強弱の変化をつけるなど，どのように強弱の変化をつけるかを決めて演奏する（10分）
③ グループの代表の子供が大太鼓と小太鼓で演奏する（5分）
- 小太鼓と大太鼓の音色を整えておき，小太鼓はどの部分を打つかよく考えて表現するようにする。
- 聴いている友達は，アドバイスをしたりよいところを認めたりする。

どんな題材に活用できる？

「アンサンブルのみりょく」「豊かな表現を求めて」「いろいろな音のひびきを味わおう」などの題材で，リズム伴奏を加える時の導入に活用できます。子供にとって魅力あふれる小太鼓を効果的な響きで演奏するように，子供たちの音に対する感性を育てていきたいものです。

（石上　則子）

高学年　　　器楽　　　対象 5・6年

55 低音が支える和音の響き

共通事項　音の重なり，和音の響き，音楽の縦と横との関係
教材　なし
準備物　鍵盤ハーモニカ，オルガン，木琴，鉄琴など

ねらい

○低音と和音の関係や和音同士の関わり方に気づきながら，音の重なり合うよさや美しさを感じ取る

高学年になると，中学年以上に周りのことに意識を払うようになり，音楽表現の技能の高まりとともに，多様な表現を指向するようになります。

こうした時期に，音楽の縦の構造である音の重なりや和音について触れておくと，そのよさや面白さを感じ取りながら，より豊かな表現を目指すようになります。

活動内容

(1) 低音と和音の響きを聴き比べ，低音と和音との関係を理解する
①低音に合わせて，Ⅰ，Ⅳ，Ⅴの中で合う和音を探す（10分）

ドには Ⅰ ドミソか Ⅳ ドファラが合うね！

ファには Ⅳ ドファラが合うね！ Ⅴ ソシレも悪くないなあ…。

ソには Ⅴ ソシレと Ⅰ ドミソが合うね！

最後のドには Ⅳ ドファラだと落ち着かないね！ Ⅰ だね。

・4人のグループで「低音を弾く」「和音を弾く」（3つの音を2つと1つなどと分担も可）「響きを聴く」を分担して，試すようにする。

②わかったこと，気づいたことを発表し，Ⅴ7の和音を知る（5分）

C1　和音の中にある音が低音になっていると，低音と和音に違和感がない。

C2　でも，低音がﾌｧの時は，Ⅴの和音でもいい感じだったような気がするよ。

T　低音は，和音の中の音が使われるといいんだね！　お団子のようになっている和音の一番下のもとになっている音が低音だと落ち着く感じかな？　Ⅴには，ﾌｧが加わって4つの音で和音をつくるⅤ7（属七の和音）があって，よく使われます。みんな，よく低音と和音の響きを聴き分けましたね！　すごい！

(2) Ⅰ→Ⅴ→Ⅰ（低音ド→ソ→ド），Ⅰ→Ⅳ→Ⅴ（低音ド→ﾌｧ→ソ），Ⅳ→Ⅴ→Ⅴ7→Ⅰ（低音ﾌｧ→ソ→ソ→ド）など和音をつなげて演奏し，聴いた感じを発表する（10分）

C1　Ⅰ→Ⅴ→Ⅰは，「礼」の時の音楽で，「終わり！」という感じがしました。

C2　Ⅰ→Ⅳ→Ⅴだと，音楽が続いていく感じですが，Ⅳ→Ⅴ→Ⅴ7→Ⅰは，「終わりです！」という感じがします。

どんな題材に活用できる？

　「いろいろな音のひびきを味わおう」「和音の美しさを味わおう」「音の重なり方とひびき」などの題材で活用できます。合奏においては，低音や和音の音楽あそびを通して，他のパートと自分のパートがどのような関係になっているのかを考えたり，和音の変化が曲想の変化につながっていることに気づいたりしながら演奏することができるようになります。短調の和音でも同じように活動できます。

（飯島　千夏）

高学年　：　器楽　：　対象 5・6年

56 音の重なりを鍵盤で感じ取ろう！

共通事項　旋律，強弱，音の重なり，和音の響き，反復，変化
教材　星の世界（川路柳虹作詞，コンヴァース作曲，飯沼信義編曲）
準備物　掲示用の拡大楽譜，ケーキを使った音の重なりの絵，鍵盤ハーモニカ

ねらい

○鍵盤楽器で音の重なり方を確かめながら，その響き合いを感じ取って演奏する

　「星の世界」を使って，歌声が重なり合う響きを感じながら，合唱することをねらいとしています。各パートの旋律を覚えたり，重なりのバランスを確かめたりするためには，鍵盤ハーモニカを活用することが効果的です。鍵盤ハーモニカは，息を使って強弱をつけやすいため，歌にも移行しやすい楽器です。

活動内容

(1) **各パートの階名やリズムを確認する（10分）**
・同じ旋律がくり返し出てくることや，各パートが同じ旋律になるところがあることを確かめる。

(2) **学級を3つに分け，自分のパートを鍵盤ハーモニカで練習する（10分）**

(3) **3つのパートを合わせて，鍵盤ハーモニカで演奏する（10分）**
・始まりの和音が感じられるよう，始まりの3つの音を重ねて伸ばす。
・ゆっくり演奏して，音の重なりが感じられるようにする。

(4) **半分の子供は，聴き手側になり，気づいたことを発表する（5分）**
・主旋律や強弱の変化が聴こえてくるか，3つのパートの音のバランスについて考える。

(5) **主な旋律だけ，または和音パートだけを演奏してみる（10分）**
・音のバランスについては，写真1のようにケーキにたとえて説明する。
T　和音は，下の2つのスポンジ部分。大きさのバランスが悪かったり，各パートがずれたりしないように重ねないと，ケーキが崩れてしまうね。主な旋律は，上にのるクリームといちご。ここではじめて何のケーキ（何の曲）かわかるんだね。

写真1

(6) **各パートのバランスを考えて，再度，演奏する（3分）**
(7) **3つのパートを歌で練習する。この時，1人が鍵盤ハーモニカで演奏し，音を確認しながら歌う（10分）**
(8) **3つのパートを合わせて歌う。鍵盤ハーモニカの時と同様に，主な旋律を生かしたり，強弱を工夫したりして合唱する（10分）**

どんな題材に活用できる？

　「和音の美しさを味わおう」「いろいろな音のひびきを味わおう」などの題材で活用できます。6年で学習する「ラバース（ラヴァーズ・）コンチェルト」では，さらに副次的な旋律やリズム楽器などを入れて演奏するので，ここでも，各パートのバランスをケーキを使って考えることができます。副次的な旋律は上にのっているイチゴを飾るクリームを増やしてより豪華にし，リズム楽器を入れる場合はケーキの上にのっている飾りと考えて楽しむようにします。

(青嶋　美保)

高学年　　　　　器楽　　　　　対象　6年

57 ブルースの和音を使ってスウィング！

共通事項　リズム，音の重なり，和音の響き，拍，フレーズ，反復，変化
教材　なし
準備物　ドラムス，鍵盤ハーモニカ，リコーダー，打楽器，リズム読みの拡大楽譜

ねらい

○Ⅰ，Ⅳ，Ⅴの和音の移り変わりを感じ取って演奏する
○12小節のブルースコードⅠ－Ⅳ－Ⅰ－Ⅴ－Ⅳ－Ⅰを聴き，ブルースの和音の流れを聴き取り，スウィングして演奏することに親しむ

　ドラムスの4ビート（メトロノームでもよい）にのせて12小節のブルースコード（4小節の旋律が2度くり返され，次に別の4小節の旋律が出てくるAAB）を鍵盤ハーモニカで演奏するところから，和音の流れを感じ取っていきます。リズムをことばにして読むことで，スウィングの感覚に慣れていきましょう。和音とリズムが重なっていくと，スウィングです。

活動内容

(1)ブルースコードを鍵盤ハーモニカで演奏する（10分）

・メトロノームを使って拍に合わせる。
・ドラムセットがあれば活用する。

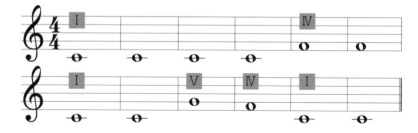

⑵ **リズムをことばで歌う（5分）**
・2，4拍目に手拍子をして歌う。

⑶ **リズム読みしたリズムを鍵盤ハーモニカで演奏する（10分）**

例

⑷ **打楽器（ドラムス，タンブリンなど）を入れて音を重ね演奏する（10分）**

例

バスオルガン

どんな題材に活用できる？

　「豊かな表現を求めて」「和音の美しさを味わおう」などの題材で活用できます。音楽あそびの中で段階的に演奏することで，和音の進行とスウィングのリズムがわかり，打楽器や低音楽器を基に，和音の構成音を重ねて，色々な楽器を増やすこともできます。

　ジャズのハーモニーとスウィングの雰囲気を感じられ，ブルースコードが体に馴染み，簡単なアドリブもできるようになると，より演奏を楽しめること請け合いです。

（今井さとみ）

高学年 : 器楽 : 対象 6年

58 パートの役割を生かしてバンド発表！

共通事項	音色，リズム，旋律，音の重なり，和音の響き，音楽の縦と横との関係
教材	ラバース（ラヴァーズ・）コンチェルト（デニー・ランドル，サンディ・リンザー作曲，石桁冬樹編曲）
準備物	拡大楽譜

ねらい

○パートの役割や楽器の特徴を生かしてグループ合奏する
○楽器の音色やリズム，音楽の仕組みを生かしてグループで構成を工夫する

　まず，16小節の「ラバース（ラヴァーズ・）コンチェルト」を各パートの役割を考え，グループの中で分担して演奏します。音量やバランスに気をつけて演奏することができるようになったら，4小節ずつ区切って，時間差演奏の順番を決めます。この場合，主な旋律だけでなく，副次的な旋律（かざりの旋律）や和音もクローズアップし，各旋律の動きを生かして演奏するように心がけます。一人一人の演奏の工夫が生かされるところです。
　最後の発表場面では，譜面通りの演奏→間奏（ピアノ）→アレンジされた演奏にして発表します。

活動内容

(1) グループアンサンブルの練習をする（10分）

・各パートの練習は授業や個人で練習を行っておく。
・「主な旋律」「かざりの旋律」「和音」「低音」「リズム伴奏（ドラムスや，他の打楽器）」「ピアノ伴奏」の各パートを分担（楽器の組合せは各グループで相談）し，グループで通して練習する。
T　各パートの音量やバランスはどうでしたか？　主な旋律は生かされていましたか？

(2) 曲の始めから，終わりまで4小節ずつ分ける（10分）

「ラバースコンチェルト」16小節の分け方
1小節目～4小節目【A】　　9小節目～12小節目【C】 　　5小節目～8小節目【B】　　13小節目～16小節目【D】

・各パートで，自分の楽器はどの部分から演奏を始めるのかを相談する。
・リズム楽器，低音楽器，ピアノも必ずしも最初から最後まで演奏しなくても，【B】や【C】から入るのもよい。

(3) 各パートが生かされるように，音量やバランスに気をつけて，それぞれが決めた小節から演奏する（10分）

T　みんなの拍は合っていましたか？　どのパートに合わせると，全体のリズムが合ってきますか？
・最後に，<u>譜面通りの演奏→間奏（ピアノ）→アレンジされた演奏</u>にする。

(4) バンド発表会をする（5分）
・1グループずつ発表をする。
・グループでバンド名を決めて発表すると実感がもてる。

どんな題材に活用できる？

　「いろいろな音のひびきを味わおう」「アンサンブルのみりょく」「豊かな表現を求めて」などの題材で活用できます。16小節くらいの曲は，グループでパートの重ね方やリズム伴奏の仕方などを工夫して演奏することができます。

　高学年では，少人数で1つの曲を工夫してつくり上げる学習にチャレンジしたいものです。発表会を行うことで演奏する意味が生まれ，子供にとっても納得のいく学習になります。発表する時のメンバー紹介では，紹介されたら自分の担当楽器で音のあいさつをすると，より盛り上がります。

（今井さとみ）

59 即興的にリズムアンサンブル

共通事項	リズム，強弱，フレーズ，反復，呼びかけとこたえ，変化，音楽の縦と横との関係
教材	なし
準備物	リズムカード

ねらい

○1つのリズムを使い，音楽の仕組みを生かして即興的なリズムアンサンブルをつくる
○リズムの特徴を感じ取り，1つのリズムを変化させたリズムのフレーズを組み合わせて即興的にリズムアンサンブルをつくる

リズムカード

活動内容

(1) ①のリズムを使い，反復や呼びかけとこたえを活用して即興的にリズムアンサンブルをつくる
①手拍子で①を4回反復して演奏し，どのように変化させるかについて，グループごとに決めて演奏する（5分）

C　僕たちは，2人ずつ分かれて，2回ずつ演奏しよう！
　→例　①①→❶❶　（①は手拍子，❶は膝打ち）
・はじめは一斉指導で行い，慣れてきたらグループで行うとよい。
②各グループのアンサンブルをつなげて学級全体で表現する（5分）
　　A　①①→❶❶　　B　2拍遅れのカノン　　C　2小節ずつリレー〜
・始めと終わりに全員で①を2回打つなど決めると，始めと終わりが明確になってよい。
(2) ②③④のリズムを組み合わせて即興的なリズムアンサンブルをつくる
①②③④のリズムが①を拡大，縮小，逆行してつくられていることを確認し，それぞれのリズムを手拍子や足拍子，膝打ちなどで打ってみる（5分）
②教師がリズムのフレーズの組合せ方を例示し，試してみる（5分）
③学級全体で話し合い，どのような組合せ方にするかを決めて演奏する（10分）

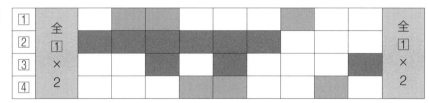

※1つの□は，4小節分
※①は手拍子，②は足拍子，③は膝打ち，④は①と音色を変えた手拍子

どんな題材に活用できる？

　「リズムアンサンブルをつくろう」の学習にすぐに生かせ，導入としても，展開としても活用できます。本あそびを題材で生かす時は，グループごとにリズムの組合せを工夫してもよいし，もとになるリズムをつくって拡大・縮小など変化させ，それらを組み合わせることもできます。また，手拍子などのボディパーカッションだけでなく，打楽器で行うこともできます。

（石上　則子）

高学年　　　音楽づくり　　　対象　5・6年

60　5音で旋律をつくろう！

共通事項	旋律，音階，フレーズ，反復，呼びかけとこたえ，変化
教材	なし
準備物	鍵盤ハーモニカ，リコーダー，木琴，鉄琴など

ねらい

○決められた5音から音を選び，短い旋律をつくる
○反復，呼びかけとこたえ，変化など音楽の仕組みを生かして旋律を組み合わせ，音楽をつくる

　5音（ペンタトニック）は，日本の伝統的な音楽ではもちろんのこと，世界の様々な音楽で使われている音階です。5音の音階を学ぶことを通して，グローバルな音楽の世界に子供を誘うことができます。一方で，和音による規制を取り外し，即興的な旋律づくりやそれをつなげたり重ねたりして楽しむ音楽づくりも広がります。
　ここでは，日本のお囃子に使われる音階を使って活動します。

活動内容

・ミソラドレの5音を使って8拍の旋律をつくる。

(1) 教師や友達のつくった旋律を模倣する（5分）
・4拍の旋律から始め，8拍にすると聴き取りやすい。

- はじめから5音すべてを使わず，2音→3音〜と増やしていくとよい。
- 「教師：全員」「教師：1人」「子供の2人組」「グループ内」など，学習形態を変えると，学びが深まっていく。
- どんな旋律が模倣しやすいかを考えるように助言する。

(2) 教師や友達のつくった旋律を少し変える（5分）

- 始めの4拍は同じ旋律で，後の4拍を変える。

- 後ろの旋律は同じで，前の旋律を変える。

(3) リズムを決めて音階の音を当てはめてつくる（10分）

- 「音階の隣の音へ進む」「同じ音を続けたり，行ったり来たりしてもよい」など，つくるヒントを与えるとよい。

(4) 教師や友達のつくった旋律につなげて8拍の旋律をつくる（10分）

- リズムは教師の旋律と同じにする。教師は，子供の状況に応じてその都度旋律を変えてもよい。使うリズムを提示しておくとよい。
- しりとりのように教師の旋律の最後の○音から始める（例のリズムで）

T ミソラドドラ｜ソソソン⓹・‖ → C1 ⓹ソミソラミ｜ラソソミ・‖ → T → C2 →

どんな題材に活用できる？

「日本の音楽に親しもう」の題材で「日本の音階でせんりつづくり」に生かすことができます。音楽づくりでは，一人一人がつくった旋律を組み合わせて音楽を構成します。また，「日本や世界の音楽」を鑑賞する際も，音階について触れると，学習したことを生かすことになります。　　（飯島　千夏）

高学年　音楽づくり

みんながたかまる！　高学年のあそび

高学年　：　音楽づくり　：　対象　5・6年

61 箏で遊ぼう！

- **共通事項** リズム，旋律，フレーズ，呼びかけとこたえ
- **教材** なし
- **準備物** 箏，リズムカード，日本の音階を示した拡大楽譜，箏の名称の図など

ねらい

○箏の音色や日本の音階のよさや美しさを感じ取りながら，中心になる音を生かした旋律づくりに親しむ

○友達のつくった旋律に，呼びかけとこたえの仕組みを生かして対話しながら，旋律づくりをする楽しさを感じ取る

　我が国の伝統的な音楽に親しむ活動は，これからの音楽科教育では，これまで以上に重視されてきます。ここでは，日本の楽器である箏に親しむ音楽あそびを紹介します。

日本の音階を示した拡大楽譜

活動内容

(1)教師の模倣をして弾く（5分）

・1音で歌いながらリズムを変えて弾く。5音まで増やす。

- ㋐　T　♪七七七・（ラララ・）　→　C1　♪七七七・（ラララ・）
- ㋑　T　♪七比七・（ラララ・）　→　C2　♪七比七・（ラララ・）
- ㋒　T　♪七比七比・（ラララララ・）　→　C3　♪七比比七・（ラララララ・）

(2)教師と対話をして弾く（10分）

・2音で歌いながらリズムや音を変化させて弾く。5音まで増やしていく。

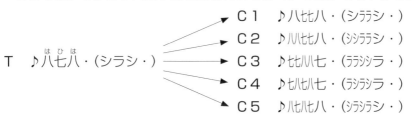

T　♪八七八・（シラシ・）

- C1　♪八七八・（シラシ・）
- C2　♪八八七八・（シシララシ・）
- C3　♪比八七・（ララシラ・）
- C4　♪七八七七・（ラシシラ・）
- C5　♪八七七八・（シラシラシ・）

(3)2人組で5音（ミファラシド）を使って対話をしながら弾く（10分）

①4拍でつくる

C1　♪八八七六・（シシラファ・）

⇕

C2　♪五六七九・（ミファラド・）

②8拍でつくる

C1　♪八七八七　六七六五五・（シラシラシラ　ファラファミミ・）

⇕

C2　♪六八九八七　六五五・（ファラドシラ　ファミミ・）

どんな題材に活用できる？

　「日本と世界の音楽に親しもう」での「音階の音で旋律づくり」において，日本の音階（「さくらさくら」で使われているミファラシド）に箏を調弦しておくと，容易に音楽づくりに取り組むことができます。箏の音色によって日本の音階のよさや美しさを感じ取ることもできます。また，ミソラドレに調弦することで，中学年での「ラドレの音でせんりつづくり」「ミソラドレの音でせんりつづくり」にも応用することが可能です。

（小川　公子）

高学年　音楽づくり　対象 5・6年

62 ドリア旋法の音階でつくろう！

- **共通事項** 旋律，音階，反復，呼びかけとこたえ，変化，音楽の縦と横との関係
- **教材** なし
- **準備物** 木琴，鉄琴，オルガン，鍵盤ハーモニカ

ねらい

○ドリア旋法の特徴や雰囲気を感じ取って，短い旋律を即興的につくる
○音楽の仕組みを活用し，音階の雰囲気を生かしたアンサンブルをつくる

　様々な5音の音階や教会旋法などは，現在も色々な音楽の中で活用されています。それらは，和声によらずに旋律をつくることができるので，旋律を即興的につくるには，とても扱いやすい音階です。ここでは，ドリア旋法を用いて，即興的に3/4の短い旋律をつくったり，各自が役割をもって即興的なアンサンブルをつくったりします。

活動内容

(1) ドリア旋法の音を確かめ，長調や短調との違いを見つけ，3/4，4小節の旋律を即興的につくり，2人組で組合せ方を工夫して演奏する

① 鍵盤ハーモニカでドリア旋法の音階を確かめたり，よく知っている曲をドリア旋法で演奏したりする（7分）

T　レの音が中心になる音階です。

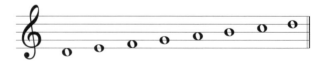

C　シのところで不思議な感じがするね！
・ハ長調の音階と吹き比べながら，違いを感じ取るようにするとよい。

- 「かえるのがっしょう」や「きらきらぼし」をレから吹き始め，幹音だけ（白鍵のみ使用）で演奏し，ドリア旋法の感じをつかむようにする。

(2) マリンバ（立奏木琴アルトテナーなどでもよい）で低音のレ音を教師が四分音符で刻み，それを聴きながら，1人で3/4，4小節の旋律を即興的につくり，2人組で呼びかけとこたえの仕組みを生かして演奏する（10分）

例　ア）C1の旋律をC2が模倣する
　　イ）C1の旋律に答えるようにC2が旋律をつくる
　　ウ）イ）の役割を交代する

- 旋律の中でシの音を入れると，ドリア旋法の感じを出しやすい。

(2) 4人組で「A　低音（レとラ）」「B　オスティナート（同じ音型の反復）」「C　主な旋律」「D　飾りの旋律の役割」を決め，即興的にアンサンブルをつくって演奏する（10分）

- 1台の木琴を囲んで4人で演奏したり，Dはグロッケンや鉄琴を使ったりする。交代で行う。

※□は，3/4の4小節分

どんな題材に活用できる？

　「いろいろな音階で音楽をつくろう」といった音階をもとにする音楽づくりを題材にする際に活用できます。普段から，色々な音階の響きに親しんでおく活動としても，欠かすことができない音楽あそびです。フリギア旋法（ミファソラシドレミ）リディア旋法（ファソラシドレミファ）ミクソリディア旋法（ソラシドレミファソ）なども独特な雰囲気があります。

（石上　則子）

高学年　　　音楽づくり　　　対象 5・6年

63 音を重ねて和音で遊ぼう！

共通事項	リズム，音の重なり，和音の響き
教材	なし
準備物	和声カード，トーンチャイム，鍵盤ハーモニカ，鉄琴など

ねらい

○Ⅰ，Ⅳ，Ⅴ，Ⅴ7の和音の響きを味わい，その違いを感じ取る

　ポピュラーな音楽の世界では，コードネーム（cordname）を知っていると，様々楽曲の演奏にチャレンジでき，活動範囲が広がります。小学校では，子供の歌や身近な音楽の中で最もよく使われる主要三和音の響きを感じ取り，様々な音楽への道をつなげておきたいと考えます。ここでは，Ⅰ，Ⅳ，Ⅴ，Ⅴ7の和音の響きを感じ取り，そのつなげ方を工夫します。

活動内容

(1)8人1組で和音の響きを聴き，その特徴をとらえる（7分）
①8人の中の1人が和音カードを持ち，他の7人はシ～ラ（幹音）までの音を1つずつ担当する
②和音カードを持った子供が1枚のカードを見せ，その和音の構成音を担当した人が一斉に鳴らす
・低い音（根音）から順に鳴らして，最後に一斉に鳴らしてもよい。また，第3音や第5音から鳴らすなどして，和音の構成音を聴いて見て感じてわかるようにするとよい。

例　｜ド ミ ソ ソ｜　｜ド ド ソ ミ ソ｜　　C　順番を変えて演奏すると旋律みたいになるね！

・構成音を覚えていない時や，間違えた時はカードの裏を見せる。

和音カード　表　　　　　　　　　　裏

(2)(1)と同じように8人で（シ〜ラ）音を担当し，その音でリズムをつくり，順に重ねて，和音の響きを感じ取る（7分）

・和音カードを見て，その構成音を持った人が低い音からそれぞれ4拍ずつリズムを考えて鳴らす。最後に3人で一斉に鳴らす。
・グループの友達は，響きの感じをことばで伝え合う。
・慣れてきたら，Ⅰ→Ⅳ→Ⅴ→Ⅰのように和音カードを並べて，上記の活動を連続して行うなどすると，和音の進行にも関心を広げることができる。

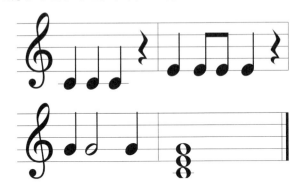

どんな題材に活用できる？

「和音の美しさを味わおう」の中で，「和音の構成音を使った旋律づくり」に活用できます。和音の響きを感じ取りながら歌ったり，楽器を演奏したりする際にも生かすと，音の重なり合いをより意識することができます。

(飯島　千夏)

高学年 ： 音楽づくり ： 対象　6年

64　和音の音で学級CMソングをつくろう！

- **共通事項**　旋律，音の重なり，和音の響き，音楽の縦と横との関係
- **教材**　なし
- **準備物**　リコーダーやオルガン，ハ長調の和音（Ⅰ，Ⅳ，Ⅴ）カード

ねらい

○3つの和音（Ⅰ，Ⅳ，Ⅴ）における構成音を用いて旋律をつくる
○2つの旋律を重ねて，和音の響きのよさを味わう

　和音を構成している音をつなぎ，ハ長調Ⅰ⇒Ⅳ⇒Ⅰ⇒Ⅴ⇒Ⅰの和音進行により，4／4，4小節の旋律づくりを楽しみます。はじめは2拍ずつ音を選びますが，リズムを変化させていくと，動きのある旋律になります。歌詞もクラスでオリジナルにすると楽しく活動できます（4小節内で）。

歌詞の例　6年　2組　ゆかいな　仲間　今日も　にこにこ　がんばるぞ

　また，もう1パターンつくった旋律と重ねると，和音の進行が同じであることから，和音の響きを感じ取る活動へと発展させることもできます。

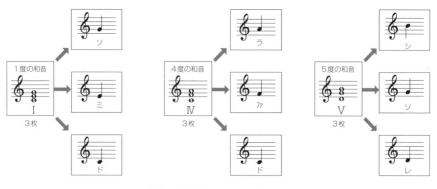

ハ長調の和音（Ⅰ，Ⅳ，Ⅴ）カード

活動内容

(1) 二分音符に和音を当て，その構成音から音を選び，旋律をつくる（10分）
- カードは，最初に表にしておく。「①，②，⑤＝Ⅰ」「③，④＝Ⅳ」「⑥＝Ⅴ」とし，①〜⑥に和音カードから音を選ぶ。
- ⑦は，終わった感じになるよう，ドで設定しておく。選んだ音をつなげ，オルガンなどで音を確かめながら歌う。

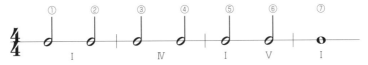

C　（ミ→ソ→ファ→ラ→ソ→シ→ドのカードを選ぶ）
　　♪6年　2組　ゆかいな　仲間　今日も　にこにこ　がんばるぞ

(2) もう1パターン旋律をつくり，前につくった旋律と重ねて歌い，和音の響きを楽しむ（15分）

C1　　　6年2組｜ゆかいな仲間｜今日もにこにこ｜がんばるぞ‖
　　　（♪ミーソー｜ファー　　ラー｜ソー　シー　｜ドーーー　　‖）
C2　　　6年2組｜ゆかいな仲間｜今日もにこにこ｜がんばるぞ‖
　　　（♪ドーミー｜ラー　　ファー｜ミー　ソー　｜ドーーー　　‖）
C3　リズムを変えたり，合いの手を入れたりしても楽しいよ！

どんな題材に活用できる？

　「和音の美しさの美しさを味わおう」「ひびきあいを生かして」の題材における「和音の音で旋律づくり」で，導入として活用できます。クラス全体で主要三和音の進行のもと，和音を構成している音をつないでまとまりのある音楽をつくってみることで，旋律づくりの面白さを感じることができます。

　また，元々和音を構成している音で旋律ができているので，同じようにしてつくった旋律同士を重ねると，旋律の重なり合いによる和音の響きを味わうことも可能です。

（小川　公子）

高学年　　　鑑賞　　　対象　5・6年

65　移り変わる音楽！〜何が変わった？

共通事項　速度，旋律，強弱，反復，変化
教材　ハンガリー舞曲　第5番（ブラームス作曲，シュメリング編曲）
準備物　ハンガリー舞曲　第5番の主な旋律の楽譜，鍵盤ハーモニカなど

ねらい

○速度や強弱の変化，曲想の移り変わりを感じ取りながら聴く
○曲を聴いて感じ取ったことを，体の動きやことばなどで表す

　「ハンガリー舞曲　第5番」は，CMなどでも使用され，子供たちにとって，なじみのある曲です。2分弱の短い中に4つの旋律が登場し，次々に変化していくので，飽きずに何度も聴くことができます。聴く時にはその都度めあてを決め，「もう一度聴きたい」と思えるようにすることが大切です。

活動内容

(1)「ハンガリー舞曲　第5番」（約2分40秒）を聴き，曲全体の感じをつかむ（各5分）
①4つの旋律の譜例（それぞれ①〜④の番号をつけて示す）を見ながら旋律を「ラ」や「ル」で口ずさんだり，ピアノで演奏するのを聴いたりして，それらの旋律を覚える
②4つの旋律が流れた時に，指でそれぞれ①，②，③，④と対応した数字を示すようにして，全曲通して聴く
　例　②の旋律が流れた時→2本指を出す
③それぞれの旋律の特徴について，気づいたことを発表する
(2)曲想の移り変わりを味わいながら，「ハンガリー舞曲　第5番」を聴く（各5分）

①教師が弾く４つの旋律を聴き，強弱や速度の変化に気をつけながら指揮をする
Ｔ　強さや速さの変化を指揮で表してみよう。
②友達の指揮に合わせながら，４つの旋律の部分を口ずさんだり，鍵盤ハーモニカやオルガンなどで演奏したりする
③指揮のまねをしながら，全曲通して聴く
④曲想がどのように変化しているかについて，友達と意見交換をしたり，発表したりする
(3)**反復や変化などの特徴を感じ取って聴く（各5分）**
・４つの旋律の中から，好きな旋律を１つ選び，グループをつくる
①グループごとに，選んだ旋律の指揮の練習をする
②曲を聴きながら，選んだ旋律の部分ではその場に立って指揮をする
③曲を聴きながら，指揮のまねをしたり，旋律を口ずさんだりして楽しむ

どんな題材に活用できる？

　「曲想を味わおう」「曲想の移り変わりを感じ取りながらきこう」「曲のおもしろいところを見つけてきこう」「旋律の特徴を感じ取ろう」など，旋律や曲想の変化に関する題材で活用できます。同じ旋律がくり返し出てくるところに注目して，音楽の形式と結びつける学習にも活用できるでしょう。

　関連曲として，モンティ作曲「チャールダーシュ」なども楽しんで聴ける教材です。「チャールダーシュ」は，映像資料を視聴し，その超絶技巧の演奏を楽しむこともできます。また，ハンガリー舞曲も，第５番以外に第１番，第６番を聴いたり，第５番をオーケストラによる演奏以外の編曲（ピアノ連弾の原曲やピアノソロの編曲など）を聴いたりしても，聴く楽しみが広がります。

　　　　　　　　　　　　　　　　　　　　　　　　　（千秋　香）

高学年　　　鑑賞　　　対象 5・6年

66 ラだけの音楽

- **共通事項**　音色，速度，強弱，音の重なり，変化
- **教材**　「ムジカ・リチェルカータ」より第1曲（リゲティ作曲）
- **準備物**　ピアノの鍵盤図（88鍵），赤い磁石，ピアノ

ねらい

○ピアノの限定された音による様々な演奏の仕方に気づいて聴く
○曲想の変化と音楽を形づくっている要素の関わり合いを感じ取って聴く

　「ムジカ・リチェルカータ」は現代音楽の作曲家リゲティ（1923-2006）が限定した音による表現を追究したピアノ作品集です。第1曲はラ（イ音）のみを用いています（楽曲の最後の音だけレを使用）。ピアノのラの音の様々な演奏の仕方により，曲想が劇的に変化します。
　ピアノの音色と演奏の仕方への興味を深めるとともに，音楽を形づくっている要素と曲想の変化の関わり合いを感じ取ることができます。

活動内容

(1) **ピアノの鍵盤や音色に興味をもち，限定された音でどんな音の出し方ができるか試す（10分）**

①ピアノが88鍵あることを知り，その中でラの音がいくつあるかを数える
　T　皆さんはピアノの鍵盤が白鍵と黒鍵合わせていくつあるか，知っていますか？　数えてみましょう（ピアノの鍵盤図を黒板に提示する）。

②ラの音を見つけて鍵盤図に赤い磁石を貼る（ラの鍵盤は8個）
　T　ピアノの鍵盤88鍵の中に，ラの音はいくつあるでしょうか？

③ピアノのラの音でどんな鳴らし方ができるかアイデアを出し合い，実際にピアノで試してみる

例　長い音と短い音，音の高さを変えて，重ねて，ずらして，リズムを変えて，強弱を変えて，トレモロで

(2)「ムジカ・リチェルカータ」より第1曲（約2分40秒）を聴き，音楽を形づくっている要素の働きや関わり合いによる曲想の変化を感じ取る（10分）

・曲の一部（①〜③）を聴き，ピアノのどの位置でどのように弾いているか予想して発言する。

①両手オクターブのトレモロ
②オクターブのロングトーン
③左手のオスティナートと右手の1音が続く部分

①ピアノを演奏しているまねをしながら，曲全体を通して聴く

T　ラの曲を演奏するピアニストになったつもりで，演奏するまねをしながら全体を通して聴きましょう。

②どんな音を聴き取ったか，その時，どんな感じがしたかを発言し，音楽を形づくっている要素と曲想の関わり合いに気づく

・鑑賞を深める際は，教師が子供の発言を時間の流れに沿って板書にまとめるか，ワークシートに記入できるようにするとよい。

高学年　鑑賞

どんな題材に活用できる？

　「いろいろな音の響きを味わおう」のように，楽器の音色とその組合せによる響きを味わったり，楽器の音色や音楽の仕組みを生かして音楽をつくったり演奏したりする題材で活用することができます。限定した音による表現を追究した作品なので，黒鍵または五音など限定した音による音楽づくり，木琴やトーンチャイムだけなど音の素材を限定した音楽づくりと関連づけ，音楽を形づくっている要素の効果を生かした曲想表現の工夫の参考曲としてもよいでしょう。

　なお，作品集「ムジカ・リチェルカータ」は第11曲まであり，曲が進むにつれて，使う音が1音ずつ増えていきます。演奏時間が短い曲が多いので，第1曲と比較して聴く活動も考えられます。

(石井ゆきこ)

高学年　：　鑑賞　：　対象 5・6年

67 循環コードの音楽

- **共通事項** 音色，旋律，和音の響き，反復，呼びかけとこたえ
- **教材** 茶色の小びん（ジョセフ・ウィナー作曲），Cジャム・ブルース（デューク・エリントン作曲）
- **準備物** トーンチャイム，トランペットとテナーサックスのイラストカード（1人各1枚）

ねらい

○循環コードの和音の響きの移り変わりが醸し出す雰囲気や旋律の特徴を感じ取りながら，曲全体を味わって聴く

　循環コードは，2つ以上の和音の組合せが一巡りして何度もくり返す和音の進行のことです。その曲を聴く活動を通して，和音の響きの移り変わりを聴き取り，その上で様々な旋律が展開するよさや面白さを感じ取るようにします。循環コードの音楽を知ることは，子供がJ-POPなどの生活の中の音楽を意識して聴いたり，親しんだりするきっかけとなるでしょう。

活動内容

⑴和音を演奏したり，曲を聴いたりして，循環コードに親しむ

①代表の子供がトーンチャイム（またはキーボード）で，Ⅰ－Ⅳ－Ⅴ－Ⅰの和音を演奏する。他の子供はⅠ－Ⅳ－Ⅴ－Ⅰの和音のくり返しに合わせ，指で1，4，5の数字を示しながら「茶色の小びん」を歌う（15分）

・トーンチャイムを使う場合は，Ⅰ，Ⅳ，Ⅴ，Ⅰのシールを貼っておくと，ハンドサイン（指で数字を示す）ですぐに演奏することができる。

②グレン・ミラー楽団演奏の「茶色の小びん」を聴き，知っている旋律が循環コード上で様々に変化する面白さを感じ取る（10分）

⑵ブルースの循環コードの和音の響きの移り変わりを感じ取りながら，「Cジャム・ブルース」（約3分30秒）を聴く

①Cジャム・ブルースの循環コードを知り，教師が弾くキーボードの和音Ⅰ，Ⅳ，Ⅴに合わせて指で1，4，5の数字を示す（10分）
②指先で膝を打つなど，体の動きでスウィングのリズムを感じ取りながら，デューク・エリントン・オーケストラ演奏の「Cジャム・ブルース」始めの部分（約40秒）を聴く（3分）
③主な旋律を歌いながら，再度，始めの部分を聴く（3分）
④ハンドサインをしながら「Cジャム・ブルース」を聴き，主な旋律が様々に展開する面白さを感じ取る（10分）

> Cジャム・ブルースの循環コード
> Ⅰ－Ⅰ－Ⅰ－Ⅰ
> Ⅳ－Ⅳ－Ⅰ－Ⅰ
> Ⅴ－Ⅴ－Ⅰ－Ⅰ
> ＊4／4拍子。12小節でひとまとまり。

(3)演奏する楽器の移り変わり，楽器による呼びかけとこたえのよさや面白さを感じ取って聴く
①Cジャム・オール・スターズ演奏の「Cジャム・ブルース」を聴き，主な旋律をトランペットとテナーサックスが演奏していることを知る（5分）
②トランペットとテナーサックスのイラストカードを持つ。主な旋律を演奏している楽器のカードを挙げながら聴き，2つの楽器が会話するように，かけ合いで演奏しているよさや面白さを感じ取る（10分）

どんな題材に活用できる？

「和音の美しさを味わおう」のように，和音の響きの変化を感じ取りながら，各声部の歌声や楽器，全体の響きを聴いて合唱したり合奏したりする題材で活用することができます。「循環コードで音楽をつくろう」のように，和音から音を選んで旋律をつくる活動と関連づけると，循環コード上で様々な旋律が展開する面白さを，表現と鑑賞の両面で感じ取ることができます。

「Cジャム・ブルース」のようなジャズの音楽は，演奏者によって使う楽器，アドリブの旋律，曲の長さなどがまったく異なってきます。いくつか聴き比べ，ねらいや子供の実態に即した音源を選びましょう。　　（石井ゆきこ）

高学年 　　　鑑賞 　　　対象 ５・６年

68 CMに使われた音楽を聴こう！

- **共通事項** 旋律，拍，反復，変化
- **教材** テイク・ファイヴ（ポール・デスモンド作曲）
- **準備物** なし

ねらい

○CMに使われている音楽を聴き，音楽と社会との関わりについて興味・関心をもつ
○特徴的な拍子や旋律，反復される和音の響きに気づき，音楽のもつ雰囲気を味わいながら聴く

　クラシックやジャズの音楽は，子供にとって遠い存在であるように思われますが，実は，子供が見ているテレビCM，映画やドラマの主題曲・挿入曲などによく使われています。ここでは，社会の様々な状況の中で音楽が大きな役割を担っていることを，身近に感じられるようにします。

活動内容

(1)５拍子の拍の流れを感じ取ってN.Y.ジャズトリオ演奏の「テイク・ファイヴ」（約４分）を聴く

①２拍子，３拍子の指揮の仕方を復習する（５分）

T　指揮をしながら，聴いてほしいと思うけど，指揮の仕方を覚えていますか？　復習してみましょう！

②指揮をしながら，ドラムのソロの前まで聴く（10分）

・一度聴いてから，２拍子と３拍子のどちらが合うかを確認する。

T　みんな，困っているかな？　ずっと同じ拍子の指揮だと，合わないね！

C　どっちで指揮してもすぐわからなくなってしまうよ？　２拍子と３拍子

とごちゃごちゃだ！
・ペアをつくり，3拍子の指揮と2拍子の指揮を交互にしながら聴く。

C1　　　　　C2　　　　　C1　　　　　C2
3拍子　＋　2拍子　→　3拍子　＋　2拍子　→

(2) 反復される和音の響きや主な旋律を聴き取り，それらが生み出すよさや面白さを感じ取る（各10分）

① 和音の学習を振り返りながら，ピアノの和音伴奏に着目して聴く

C　あれ？　指揮した時も思ったけど，同じ伴奏がくり返されているね！
T　よく気づきましたね！　2つの和音（E♭mとB♭m）が使われ，ずっと反復されているのですね！

② 伴奏の和音の響きを聴きながら，主な旋律を口ずさみながら聴く

(3) 「アリナミンV」のCMに使われていた音楽であることを知り，なぜかを考える（10分）

C1　旋律の動きが，私たちを元気にさせる感じがする？
C2　拍子も変わっているから，はっとするんじゃない？

どんな題材に活用できる？

「生活や社会にある音楽の役割を考えよう」といった，これからの音楽科が担う題材を設定して活用することができます。また，「5拍子の音楽をつくろう」といった音楽づくりの学習にも関連づけて取り上げることができます。

他の音楽あそびで取り上げている楽曲にも，CMに使われてきたものがあります。鑑賞における音楽あそびの活動として，それらの楽曲がどのように使われているかについて，関心をもって聴くこともできるでしょう。朝の会で，自分が調べてきたコマーシャルミュージックを発表するような活動も考えられます。

（石上　則子）

高学年　鑑賞

高学年　　　鑑賞　　　対象 5・6年

69 音楽のワールドツアー

- **共通事項** 音色，旋律
- **教材** 三頭の駿馬（モンゴル民謡），二泉映月（中国，阿炳作曲），月は光りぬ（ロシア，アンドレーエフ作曲）
- **準備物** モリンホール，アルフィー，バラライカなどの演奏写真（教科書を活用してもよい）

ねらい

○世界の国々の音楽に親しみ，それぞれの音楽の特徴や雰囲気を味わって聴く

○特徴的な楽器の響きやその音色，旋律を聴き取り，それらの働きが生み出すよさや面白さを感じ取って聴く

　世界には，色々な音楽が存在し，グローバル化されている現代社会では，それらの音楽を聴く機会をもつことができます。そうした社会に生きる子供たちには，彼らの音楽の世界を広げる必要があります。ここでは，各民族が大切に守り育ててきた音楽に触れ，子供が色々な音楽に興味・関心をもつようにしていきます。

活動内容

(1)「三頭の駿馬」（約3分）を聴き，音楽全体の雰囲気を味わい，モリンホール（馬頭琴）の音色や旋律を聴き取り，それらの働きが生み出すよさや面白さを感じ取る

①音楽を聴き，どんな楽器で演奏しているのかを，隣の友達と相談しながら予測する（5分）

C1　私は，弾いている楽器だと思うけど。
C2　私も，そう思う。チェロかな？

・ヒントとして「スーホの白い馬」（モンゴル民話）について話すとよい。

②聴き取った楽器名を紹介し，モリンホールであることを知る（5分）

③演奏の仕方や楽器の形を想像しながら聴き，音色の特徴を聴き取る（10分）

・聴き取る内容のヒントを示し，子供が選択できるようにする。

ア）演奏の仕方　主に「弓で弾く」「バチではじく」「スティックや指でつま弾くまたははじく」

イ）楽器の形　「円形」「楕円形」「台形」「三角形」「四角形」「ひょうたん形」

ウ）弦　「1本」「2本」「3本」「4本」「5本」「6本」「7本以上」

エ）音色　「太い感じ」「細い感じ」「柔らかい感じ」「堅い感じ」「高めの響き」「低めの響き」など

④聴き取った内容を紹介し合い，モリンホールの響きを味わいながら，音楽全体の感じをつかむ（5分）

・映像を見て確かめながら鑑賞するとよい。

(2)「二泉映月」「月は光りぬ」（約2分30秒～3分）を聴き，それぞれの特徴や雰囲気を味わう

①モリンホールの響きと比べながら聴き，(1)③のようにまとめる（10分）

②2曲の違いを聴き取りながら，それぞれの楽曲の特徴や雰囲気を味わう（10分）

どんな題材に活用できる？

　ここでは，弦楽器に絞り，音楽あそびとして常時的に学習するように示しましたが，1～2時間の計画とし，「日本と世界の音楽に親しもう」「世界の音楽」などの世界の様々な音楽に親しむ学習として展開することもできます。また，「声」「打楽器」など音素材を分類して聴いたり，オーケストラや日本の楽器の音楽と組み合わせて聴いたりすると，比較したり関連づけたりしやすく，聴く活動が深まります。

（石上　則子）

高学年　　　　　鑑賞　　　　　対象　6年

70 何が同じ？何が違う？

- **共通事項**　音色，旋律，音の重なり，音楽の縦と横との関係
- **教材**　越天楽今様（慈鎮和尚作歌，日本古謡），平調越天楽（日本古曲）など
- **準備物**　雅楽の楽器写真（笙・篳篥・龍笛など），演奏写真や映像，付箋，サインペン，模造紙

ねらい

○雅楽に親しみ，旋律や音色の特徴を感じ取って聴く
○日本の伝統的な音楽に触れ，旋律や楽器の音色，音の重なりの響きを味わって聴く

「平調越天楽」は，中学校で聴くことが多い楽曲です。小学校では，共通教材である「越天楽今様」と関連づけて平安時代から伝えられている雅楽に触れ，日本の伝統的な音楽に関心をもつようにしたいと思います。

活動内容

(1)「越天楽今様」の旋律に親しむ（各10分）
- ・「越天楽今様」のCDを聴き（約4分），歌ったり，リコーダーや鍵盤ハーモニカなどで演奏したりして，旋律に親しむ。
- ・「越天楽今様」の「春，夏，秋，冬」の歌詞の意味を知り，範唱を聴いたり，歌ったりする。

(2)「平調越天楽」を聴き（約10分），「越天楽今様」との違いに気づく（10分）
- ・「平調越天楽」の冒頭部分を聴き（約3分），「越天楽今様」と比べ，同じところと違うところについて，気づいたことをサインペンで付箋に書く。
- ・付箋に書いた自分の意見を「同じところ」「違うところ」に分類し，模造紙に貼る。
- ・付箋は2色用意し，「同じところ」「違うところ」で色を変える。

同じところ	違うところ
旋律が同じような感じがしてゆっくり　けんたろう	笛の音がかすれた音だった　けんたろう

- 8cm×8cmくらいの付箋　字はサインペンで大きく書く
- 自分の名前を書く

※付箋を使っての学習

学習カードやワークシートだけでなく，付箋は意見の交流や共有をする時に簡単で便利なツールである。貼ったりはがしたりするのが容易にできるため，子供にはとっても扱いやすい。また，色を変えるなどの工夫をすることで，意見の分類を可視化できる。使う場合は，①太い字で見やすく，②必ず記名をする，③色を変え，意見の違いを可視化する，などに留意したい。

(3)「平調越天楽」を聴き，雅楽や楽器について知る（10分）

・前時に書いた「同じところ」「違うところ」の模造紙を見ながら，「平調越天楽」を聴き，友達同士で意見を共有する。
・雅楽の歴史の説明を聞いたり，楽器の写真や映像を見たりして，雅楽について興味・関心をもつ。

どんな題材に活用できる？

「日本の音楽に親しもう」「雅楽の楽器の特徴を感じ取ろう」「音楽の特徴を感じ取って聴こう」など，雅楽の楽器や音色の特徴に関する題材で活用できます。社会科の歴史の学習などと関連し，雅楽について調べてきたことを発表してもよいでしょう。宮内庁のキッズページに雅楽についてのサイトがあるので，調べ学習に利用することもできます。映像で楽器とその音色を確かめたり，オーケストラによる「越天楽」や，「越天楽今様」がもとになっているという福岡県の民謡「黒田節」の冒頭部分を聴き，雅楽の演奏との類似点や相違点について話し合ったりするのも，雅楽を親しむ１つの方法です。

（千秋　香）

【執筆者一覧】　※所属は執筆当時のもの

石上　則子（東京学芸大学）

青嶋　美保（東京都府中市立府中第九小学校）
飯島　千夏（東京都板橋区立舟渡小学校）
石井ゆきこ（東京都港区立芝小学校）
今井さとみ（東京都府中市立府中第四小学校）
岩井　智宏（桐蔭学園小学部）
小川　公子（福岡県北九州市立永犬丸小学校）
後藤　朋子（東京都日野市立七生緑小学校）
千秋　　香（東京都八王子市立緑が丘小学校）
眞鍋なな子（東京都町田市立鶴川第二小学校）
米倉　幸子（東京都板橋区立金沢小学校）

【編著者紹介】

石上　則子（いしがみ　のりこ）

東京都の小学校にて，音楽専科教諭として長年音楽科教育に取り組む傍ら，特別活動や総合的な学習の時間などにも深く関わる。最後の勤務校では，創立50周年行事委員長としてその責務を果たす。また，長年にわたり東京都小学校音楽教育研究会（都小音研）即興表現研究会の代表を務め，都小音研研究部長や副会長などを歴任し，東京都の音楽教科教育の向上に力を注ぐ。音楽づくりを研究課題とし，文部科学省・東京都立教育研究所（現東京都教職員研修センター），NHK の教育音楽番組などにも協力する。また，音楽教育関係の書物や雑誌などに寄稿したり各地区の講習会にてワークショップや講演を行ったりし，音楽づくりの実践を紹介と普及に努める。

現在，東京学芸大学准教授，日本女子大学・東京藝術大学非常勤講師として，後進の指導に当たる。主な監修・著書に『音楽が心を揺さぶる小学校行事・集会ハンドブック』『音楽づくり・創作の授業デザイン』，DVD 制作協力『Let's ボディ・パーカッション』『楽しく実践できる音楽づくり授業ガイド』他。

日本オルフ音楽教育研究会運営委員，日本音楽教育学会会員
全日本音楽教育研究会大学部会財務部部員
日本現代音楽協会教育プログラム研究会オブザーバー
東京都小学校音楽教育研究会名誉会友

本文イラスト　本橋久世（東京都江東区立臨海小学校）

音楽科授業サポートBOOKS
準備らくらく！アイデア満載！
小学校音楽あそび70

2017年7月初版第1刷刊　Ⓒ編著者	石　上　則　子	
2024年7月初版第7刷刊　発行者	藤　原　光　政	
発行所	明治図書出版株式会社	
	http://www.meijitosho.co.jp	
	（企画・校正）赤木恭平	
	〒114-0023　東京都北区滝野川7-46-1	
	振替00160-5-151318　電話03(5907)6702	
	ご注文窓口　電話03(5907)6668	
＊検印省略	組版所　中　央　美　版	

本書の無断コピーは，著作権・出版権にふれます。ご注意ください。

Printed in Japan　　　　　　　　ISBN978-4-18-212624-6
JASRAC 出 1703702-407

もれなくクーポンがもらえる！読者アンケートはこちらから　→

好評発売中！

導入・スキマ時間に楽しく学べる！
小学校音楽
「魔法の5分間」アクティビティ

阪井 恵・酒井 美恵子 編著

♪ 音楽授業が苦手な先生も必見！友達や先生と楽しくコミュニケーションしながら心身のウォーミングアップ。子どもたちが思わず授業に引き込まれる、そんな魔法の活動をご紹介します。1年間継続すれば、音楽の基礎的な力も確実にアップ。鑑賞授業におすすめの曲リスト付。

128ページ・A5判
2,000円+税
図書番号：1783

音楽授業でアクティブ・ラーニング！
子ども熱中の鑑賞タイム

阪井 恵・酒井 美恵子 著

♪ 教科書で紹介されている曲だけでなく、アニメやJ-POPからもセレクトした魅力的な曲を50曲収録。見開き左頁はアクティブ・ラーニングを意識した授業プラン、右頁は授業で使えるワーク等を掲載し、楽しく取り組みながらしっかりスキルも身に付く欲張りな1冊です。

128ページ・A5判
2,060円+税
図書番号：1598

楽譜がみるみる読める！
小学校音楽 音符＆リズムワーク

今村 央子・酒井 美恵子 著

♪ 小学校で6年間音楽授業を受けても、楽譜が読めずに卒業する子どもが多いのが現状。そこで、ゲーム感覚で楽しみながら自然と楽譜を読む力がつく活動を集めました。体を動かす活動、リコーダーを使った活動、共通教材を活用した活動等、授業の様々な場面で取り組めます。

128ページ・A5判
2,300円+税
図書番号：1549

うまい先生はこう教える！
小学校音楽 授業マネジメント

中山 由美 著

♪ 小・中を経験した音楽科のベテラン先生が明かすマネジメント術！伝統音楽や文部省唱歌を始め、音楽の授業で扱う題材は子どもになじみのある音楽ばかりではありません。そんな音楽が好きになる、子どもを動かす授業づくりを紹介します。よくある悩みに答えるQ＆A付。

160ページ・A5判
1,960円+税
図書番号：1932

明治図書
http://www.meijitosho.co.jp
〒114-0023 東京都北区滝野川7-46-1　ご注文窓口　TEL 03-5907-6668　FAX 050-3156-2790

携帯・スマートフォンからは 明治図書ONLINE へ　書籍の検索、注文ができます。
※併記4桁の図書番号（英数字）でHP、携帯での検索・注文が簡単に行えます。

＊価格は全て本体価格表示です。